El Efecto Mariposa

Joaquín de Saint-Aymour

El Efecto Mariposa

Sincronicidad: Jung y la teoría de las Casualidades Significativas

Así funciona el Juego de la Vida

EDICIONES OBELISCO

Si este libro le ha interesado y desea que le mantengamos informado de nuestras publicaciones, escríbanos indicándonos qué temas son de su interés (Astrología, Autoayuda, Ciencias Ocultas, Artes Marciales, Naturismo, Espiritualidad, Tradición...) y gustosamente le complaceremos.

Puede consultar nuestro catálogo en www.edicionesobelisco.com

Colección Psicología
El Efecto Mariposa
Joaquín de Saint-Aymour

1.ª edición: febrero del 2007
2.ª edición: abril del 2007

Maquetación: *Natàlia Campillo*
Corrección: *Andreu Moreno*
Diseño de cubierta: *Enrique Iborra*
Sobre una ilustración de: Readseal

Edita: Ediciones Obelisco S. L.
Pere IV, 78 (Edif. Pedro IV) 3.ª planta 5.ª puerta.
08005 Barcelona - España
Tel. 93 309 85 25 - Fax 93 309 85 23
E-mail: obelisco@edicionesobelisco.com

Paracas, 59 C1275AFA Buenos Aires - Argentina
Tel. (541-14) 305 06 33 - Fax: (541-14) 304 78 20

ISBN: 978-84-9777-351-5
Depósito Legal: B-21.137-2007

Printed in Spain

Impreso en España en los talleres gráficos de Romanyà/Valls, S. A.
Verdaguer, 1 - 08786 Capellades (Barcelona)

La vida no vivida es una enfermedad de la que se puede morir

Carl Jung

Muchas personas prefieren jugar al juego de no ver que están jugando a un juego

J. Laing

Cualquier cosa que podamos imaginar puede ocurrir en el Juego de la Vida

Bill Gosper

PRÓLOGO

El Efecto Mariposa
Cómo desatar la fuerza del Destino

La vida es un complejo equilibrio entre orden y caos. Una pequeña influencia en una parte del sistema puede causar una inmensa reacción global. Es el llamado *Efecto Mariposa*. Según esta conocida pero incomprendida teoría del caos[1], una gota puede desbordar un océano, el aleteo de una mariposa moviendo sus alas en Brasil puede desencadenar un tornado en Japón o un solo pensamiento puede cambiar la realidad y materializar lo que no existe. Fabuloso, y, sin embargo, perfectamente real. ¿Pero se puede controlar semejante poder? ¿Se podría utilizar para crear en vez de para destruir? ¿Estaría al alcance del ser humano? ¿Qué haría falta para ello? ¿Sería ético usar tal posibilidad? De ser cierto, ¿estaríamos hablando de suplantar a Dios y su poder creador del Universo?

Éstas son algunas de las preguntas y planteamientos que se hizo el célebre psicólogo suizo Carl Gustav Jung, creador de conceptos como la Sincronicidad, la Teoría de las Casualidades Significativas, los Arquetipos y el Inconsciente Colectivo. Las respuestas no se han dado jamás a conocer; forman parte del llamado *Libro negro*, un conjunto de escritos personales de Jung, nunca editado ni divulgado, pero del que, como sucede con las obras perdidas de Aristóteles, se tienen noticias por referencias en otras obras y cartas. Los contenidos de tan enigmática teoría secreta han estado siempre en paradero desconocido desde su muerte en 1961. Al menos hasta ahora.

1. La Teoría del Caos fue desarrollada por el meteorólogo Edward Lorenz.

Este libro, basado en esa última teoría, sintetizada y sublimada por el psicólogo suizo durante los años finales de su vida (los más clarividentes y fructíferos), se dispone a demostrar con todo rigor científico, pero de manera totalmente accesible para todos, el funcionamiento de la Sincronicidad o Teoría de las Casualidades Significativas, el poder generativo de la conciencia y nuestro rol en el Juego de la Vida. Dicho de modo sencillo y resumido: el Efecto Mariposa explica cómo las pequeñas acciones vitales bien dirigidas, y sobre todo una correcta forma de conciencia, pueden desencadenar grandes resultados para cambiar el destino de una persona. Jamás se habían difundido ni explicado de forma práctica y aplicable las teorías secretas que desarrolló Jung para crear un grupo exclusivo de iniciados, sus *elegidos* del Círculo Hermético, capaces de controlar su vida, influir en el futuro y desatar la fuerza del Destino.

Por primera vez, un libro de divulgación general revela el asombroso sistema de *pensamiento cuántico* que unifica el Zen, la Física, los Oráculos, el Taoísmo y la Cibernética para generar hechos sincrónicos y modificar el futuro, rediseñando la vida sobre la marcha, igual que el denominado *Juego de la Vida*, una simulación virtual creada por el matemático inglés John Conway para demostrar cómo funciona el comportamiento de los seres vivos en un espacio y tiempo dados.

Los resultados que causa utilizar semejante forma de pensamiento cuántico pueden transformar la realidad, crean nuevas oportunidades y posibilidades, atraen un verdadero éxito que unifica y concilia el triunfo personal con el profesional. Y lo mejor de todo es que se trata de un método natural, accesible y fácil de aplicar desde los primeros pasos. De hecho, cualquier persona posee ya la cualidad de diseñar y materializar todo aquello a lo que tiene derecho; y puede hacerlo sin traicionar sus ideales, sin dañar su salud ni perjudicar a nadie, abarcando además todos los frentes de su existencia.

Por último, quisiera remarcar que éste no es un libro de autoayuda, sino un método para la utilización de una poderosa técnica todavía sin desvelar masivamente, la teoría secreta de uno de los mayores genios de la mente y el comportamiento humanos que ha dado la historia, Carl Gustav Jung. Aquí aprenderás a emplear una facultad muy poco utilizada de la conciencia llamada *generador de aleatoriedad*, algo así como nuestro módem personal, con el que podrás permanecer siempre orientado hacia todo lo que deseas y ganar siempre en el Juego de la Vida. Incluso aunque no quieras. Sin embargo, la decisión es tuya. Como dijo Robert Henri, «podemos hacer lo que queramos; lo difícil es querer hacer algo».

FREUD – JUNG:
LA GUERRA DE LOS MAGOS

PSICOANÁLISIS:
EL ENFRENTAMIENTO QUE HIZO TEMBLAR A EUROPA

Carl Gustav Jung nació en 1875 en Kesswil, Suiza, en una estricta familia protestante, y desde muy pronto se interesó por los fenómenos naturales inexplicados que causan las enfermedades mentales. Esto es algo que posteriormente sus acólitos y seguidores han tratado de atenuar, incluso de ocultar, para no distorsionar el aura genial y casi sobrehumana que les ha interesado transmitir al mundo de la gran figura internacional en la que se acabó transformando Jung y sus teorías, escamoteando aquellos escritos demasiado inexplicables, polémicos o místicos. Pero por mucho que sus legatarios y sus seguidores se empeñen en ocultarlo, publicando su obra de manera sesgada y parcial, lo cierto es que su carrera la determinó siempre su tendencia hacia lo arcano, lo telúrico, el misticismo, la gnosis, el neopaganismo, la alquimia, el espiritismo, la astrología, la mitología, y en general, los llamados «fenómenos ocultos».

Comenzó sus estudios en 1898, en la Universidad de Basilea, donde cursó medicina, y en 1900 ya trabajaba como ayudante de la clínica psiquiátrica Burghölzli, de Zúrich, dirigida por el prestigioso psiquiatra Eugen Bleuler, acuñador del término *esquizofrenia*. Jung recibió su título dos años después, tras presentar como trabajo de licenciatura su tesis doctoral titulada *Sobre la supuesta incidencia de los casos llamados de ocultismo*. Ese mismo año, el doctor Sigmund Freud, cuya estrella brillaba con fuerza en el firmamento de la cultura de aquel entonces, gracias al *lobby* judío formado en Austria (del que también formaba parte Einstein), publicó su ingente obra *La interpretación de los sueños*, que Jung leyó con sumo interés, ávido de novedades. Lo que dedujo de la lectura le dejó perplejo: o bien allí radicaba una clave ulterior que no comprendía debido a su inexperiencia, o bien todo aquello no era más que una monumental sarta de tonterías.

El choque con Freud

En 1907, dispuesto a comprobarlo por sí mismo, visitó a un encumbrado Freud viajando hasta su casa de Viena. El ególatra psiquiatra le trató con suma condescendencia y sin auténtico interés hacia sus opiniones. Quizá porque durante la reunión, Jung, abiertamente, se mostró en desacuerdo con las teorías de su colega. Freud sostenía que tanto las neurosis como la mayor parte de problemas psíquicos que padece el ser humano derivaban de lo genital, el sexo como centro de todos los complejos no resueltos. Freud no atendía ninguna opinión que no fuese la suya, estaba encaprichado de su teoría sexual como fuente de todos los males y de su Psicoanálisis como única solución, a modo de sacramento redentor; él era el sumo sacerdote y taumaturgo, y se comportaba despótico y excluyente contra quien no lo secundase.

Llegado un momento de la reunión (prolongada durante más de diez horas), Freud le instó a Jung: «Prométame que mantendrá siempre como un dogma la teoría sexual del Psicoanálisis, preservándola de la obscura avalancha del ocultismo». Por aquel entonces florecían en Alemania y Austria las sociedades secretas y hermetistas, tendencias desde siempre muy arraigadas en ambas naciones, que durante el siglo XVII habían visto nacer a los Rosacruces y los Iluminados de Baviera, semillero de un buen cúmulo de logias masónicas en las que se refugiaba el nacionalismo germánico. Y también la Teosofía, la corriente mística que llegaba del Tíbet, contaminada por el camino con una suerte de pangermanismo indo-ario que comenzaba a derivar en una inquietante tendencia antisemita.

Teorías antagónicas

Quizá con eso de la «oscura avalancha del ocultismo» Freud se refería a la advertencia de Friedrich Nietzsche cuando apuntaba que «el sueño de la razón produce monstruos». Tal vez supo aventurar que aquel malsano interés de la joven nación (Alemania) por el ocultismo, con la creación de sociedades secretas como Thule o la Hermandad del Vril, darían origen al

Partido Nazi, que perseguiría muy pronto a todos los judíos de Europa, como enemigos de su culto pangermánico. Y Freud era judío. Pero Jung, alucinado por la extraña petición, no supo qué responder al gran hombre. Una cosa estaba clara: él no podía prometer algo así, teniendo en cuenta su estudio del ocultismo para explicar muchos de los problemas de la mente hasta entonces irresolubles. Ahí radica la esencial diferencia entre ambos. Y ése fue el principio y el fin de la relación, por mucho que se prolongase (sólo epistolarmente) hasta 1916, y durante la cual Freud insistiese en considerar a Jung como su *discípulo.*

Y es que Sigmund Freud era de una petulancia insoportable, comparaba sus teorías y su Psicoanálisis con una especie de liturgia o culto religioso al que había que convertirse si uno quería curarse, *salvarse*, siendo psicoanalizado. Jung no transigió con ello, a pesar de su admiración por el célebre psiquiatra, y la relación entre ambos se rompió para siempre, dando paso a un enfrentamiento personal que se prolonga hoy a los seguidores de ambos hombres, los freudianos y los junguianos. Pero contrariamente a lo que muchos todavía piensan, Carl Jung no fue ni discípulo ni alumno de Freud, sino un colega más joven interesado en todo tipo de teorías que pudiesen aportarle mayor conocimiento del alma humana.

Psicoanálisis: un culto religioso

Sin embargo, los freudianos siempre han puesto de manifiesto la superioridad de su maestro frente a Jung, incluso acusándole de colaboracionismo con el Nacionalsocialismo, lo cual es radicalmente falso, ya que los nazis pusieron a Jung en su lista negra y quemaron sus obras y artículos. Como protestante, Jung deploraba el sionismo del Antiguo Testamento y el catolicismo manipulado por los evangelistas del Nuevo Testamento; sin embargo, ensalzaba a Cristo como prototipo de su Héroe Arquetípico. Eso le valió el repudio nazi, pues el Nacionalsocialismo era esencialmente antisemita. Y Cristo era un judío.

Durante mucho tiempo antes de la segunda guerra mundial, el Psicoanálisis de Freud era considerado una religión pseudocientífica y sus seguidores una secta. En varios países carecía de crédito, ya que se tenía por una práctica judía realizada a través de un lenguaje mágico, similar a la cábala hebrea. Por complejo de raza en una Alemania cada vez más antisemita, Freud trabajaba sobre la base de que las enfermedades mentales se podían curar con palabras (la palabra es muy importante en el Talmud hebreo, como vehículo de santificación); rechazaba la idea de que las disfunciones de la mente fuesen de origen genético, herencia de la sangre, que los arios consideraban impura en los judíos. Así es como el Psicoanálisis se propagó más como un bastión de ideas judías, en concreto askenazíes, que así es como se llama a los hebreos establecidos en Europa tras la Diáspora. Por eso el Psicoanálisis no se difundiría en el resto del mundo hasta que no cayó el Nazismo.

Misticismo y paganismo germano

Por el contrario, Carl Jung entendía el Psicoanálisis como una «terapia social» para el cambio y la regeneración del ser humano, que había caído en decadencia cultural desde el fin del siglo XIX hasta desembocar en el enfrentamiento que asoló Europa durante los primeros años del siglo XX, la primera guerra mundial. Al contrario que a Freud, a Jung le fascinaban los mitos germánicos paganos expresados en las obras de Richard Wagner, especialmente el héroe Sigfrido[2] en lucha contra el dragón y los caballeros perfectos en busca del Santo Grial, según la mítica obra Parzival, del poeta bávaro Wolfram von Eschenbach, escrita en el siglo XII.

A todo ello unía sus investigaciones del mundo paranormal con médiums y astrólogos, su pasión por los misterios del mundo grecorromano y helenístico, los mitos dionisiacos y eleusiacos. En suma, perseguía con ello un cambio mental, una purificación y regeneración espiritual, similar a las iniciaciones antiguas, previas a los cultos religiosos sistematizados. Algo parecido a un Camino de Santiago psíquico. Pero además, Jung también se mostraba interesado en todo lo relativo a Oriente, lo indo-ario, de ahí que los nazis creyesen al principio que podían contar con él como aliado para justificar sus majaderías y desmanes raciales.

Espiritismo y Teosofía

El Psicoanálisis era la mistificación de aquel mundo misterioso que subyace a lo físico, propugnado por algunos místicos, como Madame Blavatsky, la por entonces célebre ocultista rusa que había conectado Oriente con

2. Sigfrido: héroe de la mitología germana, arquetipo usado por Wagner para una de sus óperas.

Occidente fundando la Sociedad Teosófica. O también de Allan Kardec, fundador del Espiritismo. No en vano, durante sus primeros pasos, la teoría del subconsciente partía de la idea oriental e incluso espiritista de un mundo subyacente donde habitan los espíritus de los muertos y es gobernado por una corte de sabios ancestrales, los Superiores Desconocidos, que regían el planeta subrepticiamente.

Aunque hoy cueste creerlo, tanto Sigmund Freud como Carl Jung creían al principio en el subconsciente como un símbolo de lo que contiene en su mente la persona por debajo de lo racional, la parte sumergida de un iceberg, poblada de manifestaciones diabólicas y espectrales que podían conducir a la locura si se desmandaban. Tanto es así, que para Freud los complejos y los *fantasmas* del inconsciente eran deplorables y habían de sacarse a la superficie como habitantes de los reinos subterráneos, con el fin de que el paciente se enfrentase a ellos en un doloroso combate que formaba parte de la curación psicoanalítica, costase lo que costase tanto en tiempo como en dolor.

Los fantasmas de la mente

En cambio, para Jung, dichos *fantasmas* no eran sino un reflejo, el negativo fotográfico de la propia persona, nada distinto a su naturaleza. Él creía que los *fantasmas* (los denominó Sombra o Daimon) sirven para encaminarnos hacia el verdadero rumbo, el de nuestro destino superior, en lugar de conformarnos con la mera supervivencia cotidiana. Como estudioso del Tao, la secular corriente filosófica oriental que inspiró al gran sabio chino Confucio, Jung pensaba que no hay nada originalmente bueno ni malo. Para el taoísmo, lo malo es precisamente diferenciar, establecer dicha categoría, dividir y polarizar la realidad. Tal como indica el libro del *Tao Te King*, (la *Biblia* taoísta) «cuando todo el mundo reconoce lo bello como bello y lo bueno como bueno, eso en sí mismo es fealdad y maldad». Curiosamente, lo mismo figura en el Génesis cuando dice que el pecado original comienza con la distinción del bien y el mal, con la ruptura de la unidad y el comienzo de la dualidad, representada por la fábula de Adán y Eva.

Dos caras de la misma moneda

Para Jung, el Bien y el Mal eran dos caras de la misma moneda; no se puede erradicar uno porque con ello erradicamos también al otro. Para él, la dualidad y la diferenciación rompen el vínculo humano con lo universal, con la naturaleza, con el *todo* (el Tao), dejando al hombre a merced de sus contradicciones y de las fuerzas opuestas del azar: el bien y el mal, que le disgregan y le dejan *esquizotomizado*, palabra derivada del término esquizofrenia, acuñado por su colega Bleuler en 1909. Jung se sirvió de dicho término porque para él, la dualidad (el maniqueísmo) causaba esquizofrenia, derivada de la ruptura entre el Yo y el Sí Mismo, la verdadera esencia del ser humano. La solución que proponía Jung para vincularlo de nuevo al *todo* universal era convertirlo de nuevo en uno, refundir los opuestos, por eso denominaría su proceso iniciático Individuación; inspirado en los procesos de aprendizaje y perfeccionamiento espiritual que debían seguir los adeptos antes de ser admitidos en las antiguas sociedades herméticas romanas y helénicas.

«Los opuestos siempre se han equilibrado entre sí –escribió Jung–; la unilateralidad, aunque impulsa, es una señal de barbarie.» Esto lo dedujo después de comprender que los orientales intentaban la *unificación* del ser humano mediante profundas psicoterapias meditativas como el zen, milenaria disciplina budista que se basa en la despersonalización total para que así el practicante se vincule de nuevo con el Dharma o depósito universal de toda sabiduría y perfección. Pero Jung no consideraba necesaria esta radical despersonalización. Estudiando los dos más famosos oráculos de la historia, el *I Ching* (oriental) y el Tarot (occidental) determinó que no es útil erradicar del todo el Yo para que aflore el Sí Mismo (la verdadera conciencia primigenia), sino que basta con saber adoptar una identidad distinta según el momento y la situación, como una máscara o disfraz: el Arquetipo.

Arquetipos: entidades virtuales

Para Carl Jung, los Arquetipos «viven» en el Inconsciente Colectivo, son como entidades que se han configurado desde el origen del ser humano. Son lo que hoy podríamos llamar roles o simulaciones virtuales que podemos adoptar para *jugar* con mayor eficacia en la vida, suponiendo que ésta es como un inmenso juego de ajedrez, o mejor aún, un juego de rol. La palabra *virtual* es lo que mejor define a estas entidades de la personalidad que son los Arquetipos, pues el propio Jung dijo al respecto que «todos nacemos originales y morimos copias».

Durante todo el libro he utilizado un ejemplo simbólico para explicar qué es y cómo funciona el Arquetipo para la personalidad del ser humano.

Dicho ejemplo presupone la vida como un juego de rol, uno de esos que causan furor entre los adolescentes; los que se activan con un mazo de cartas plagadas de símbolos mitológicos, complementadas con diversas figuritas alegóricas generalmente de aspecto gótico-medieval, un manual de instrucciones cuyas reglas de juego parecen inspiradas en una novela fantástica o de un guión de ciencia ficción, y un dado de doce caras. Este peculiar mundo de los juegos de rol (tanto de sobremesa como de PC o videoconsola) es el ejemplo más próximo a la realidad cotidiana que he podido encontrar para explicar de manera sencilla las normalmente crípticas explicaciones de Jung.

Como ya he dicho antes, el concepto de *Juego de la Vida* proviene de un curioso *software* que desarrolló en 1970 el matemático inglés establecido en Norteamérica John Conway[3], para demostrar las vicisitudes que sufre un ser vivo, junto a otros, en un espacio y tiempo dados. Se trata de una simulación computarizada de la vida celular, gobernado por reglas simples que dan lugar a un comportamiento notablemente complejo, imitando al de las personas. Al respecto, el programador informático Bill Gosper declaró: «al principio no estaba claro que las cosas que podían ocurrir en este universo virtual eran casi tan complicadas como las que podían ocurrir en nuestro universo. Y posteriormente, por una secuencia de pequeños descubrimientos, avanzando por grados, se hizo claro que cualquier cosa que podamos imaginar puede ocurrir en el Juego de la Vida».

El Inconsciente como hiperespacio

Pero es que, además, los elementos de los juegos de rol son muy parecidos al simbolismo que analizó Jung para desarrollar su teoría sobre la Sincronicidad o las Casualidades Significativas. Los naipes y las figuras alegóricas (héroes y villanos, monstruos, magos, princesas, tesoros y objetos mágicos) son comparables a los arcanos mayores del Tarot y a los Arquetipos que explican las distintas fases de personalidad por las que pasa el ser humano a lo largo de su vida, según la vieja ciencia sumeria de los horóscopos y los doce símbolos astrales.[4] Añádase a esto el referido dado,

3. John Horton Conway, galardonado en 1998 con el premio Von Neumann de Matemáticas, es profesor en la Universidad de Princeton.

4. Por eso el dado de los juegos de rol tiene doce caras, coincidentes con los signos del Zodíaco, aunque los jóvenes jugadores lo ignoren.

que aporta la incertidumbre del azar, alegoría de la buena y de la mala suerte, de la Providencia y del Destino.

En última instancia, eso que llamamos *realidad* no es sino realidad virtual; así lo afirma tanto la física cuántica como también las más ancestrales filosofías orientales, como el budismo. Lo material, la vida cotidiana, es el resultado de la suma de conciencias de todos los jugadores implicados, de todos los roles que participan en el mismo Juego de la Vida. Incluso es algo más que eso. Para Jung, la realidad es también la suma de todas las conciencias de todas las personas que han vivido sobre la Tierra desde el principio de los tiempos, algo así como una inteligencia virtual que permanece latente y no se pierde; un limbo que podríamos comparar con Internet y el hiperespacio.

Informática y meditación trascendental

Ese limbo fue calificado por Jung como Inconsciente Colectivo, y durante toda su vida intentó métodos diversos para entablar relación con él y servirse de su inmensa potencia, como un demiurgo ancestral en busca de su poder sobrenatural o un cabalista en pos de la palabra mágica: «La exploración del inconsciente ha descubierto el antiquísimo y eterno camino de la iniciación. Ahora no se trata simplemente de *mi credo*, sino de la experiencia más importante e incisiva de toda mi vida». Primero lo intentó a través del análisis de los sueños y los complejos, luego con los oráculos, e incluso con los mandalas[5] orientales y su incógnita técnica de la Imaginación Activa, basada en los estados de trance que se logran con sofisticadas técnicas de meditación trascendental oriental u occidental, tales como el zen y el hesicasmo.

Igual que hoy los cibernéticos (los *magos* de nuestro tiempo) usan el computador como nuevo mandala informático para obtener predicciones de futuro. Esto mismo lo resumen Andoni Alonso e Iñaki Arzoz en una curiosa frase incluida en su libro *La nueva ciudad de Dios:*[6] «El método imaginal de la visualización creativa para acceder al otro mundo a través de los mandalas se convierte, por obra y gracia del ordenador mandálico-cuántico, en la tecnología para crear ese mundo paralelo y celestial». La sorprendente hipótesis de Jung se basaba en la meditación para lograr es-

5. Mandala: palabra en sánscrito que significa *círculo*.
6. *La nueva ciudad de Dios*, ed. Siruela, Madrid, 2002.

tados alterados de conciencia que podían ser similares a la *randomización* que efectúan los ordenadores.

Hay que añadir que la informática no era una ciencia desconocida en tiempos de Jung. De hecho, durante la segunda guerra mundial los ingleses, con la ayuda del matemático Allan Turing, utilizaron los primeros y rudimentarios calculadores algebraicos para descifrar los códigos encriptados de la misteriosa máquina cifradora *Enigma* que utilizaban los nazis para sus comunicaciones de guerra. Aquellas máquinas darían pronto origen a *Colossus*, el primer computador, creado en 1943. Dos años después, J. Presper Eckert y John W. Mauchly construyen el ENIAC (*Electronic Numerator Integrator Analytic Computer*), considerado el primer computador digital, electrónico y programable. Además, el término *bit* fue utilizado por primera vez en 1946 por John Turkey para designar la unidad binaria de información. Pero es cierto que la palabra *informática* no sería usada por Philippe Dreyfus hasta 1962, un año después de fallecer Jung.

Sólo al final de su vida descubrió Carl Jung cómo llevar a cabo su metamorfosis mágica, y lo haría recurriendo a los postulados simbólicos de la alquimia, uniendo una vez más la antigua ciencia con la moderna técnica. Para Jung, si la alquimia persigue la transmutación del plomo en oro y la transformación de la materia por medio de las operaciones precisas, la transformación de la realidad personal debe realizarse por medio de la transmutación de la conciencia, transformando el plomo de los complejos y los impedimentos en el oro de las potencialidades y los poderes de la Piedra Filosofal. Auténtica magia moderna en acción.

Jung había encontrado por fin el poder transformador del futuro y ahora tenía que protegerlo de las malas intenciones. Para custodiar dicho poder, el secreto gnóstico más grande de todos, la capacidad de modificar el Destino personal y colectivo, contenido en un diario de anotaciones jamás publicado ni difundido, Carl Jung creó una hermandad de personas especialmente preparadas que fuesen filtrando tan alto conocimiento de manera convenientemente obtusa y dosificada; transmitidas oralmente, igual que las enseñanzas iniciáticas de los mitos helenísticos, para que sólo quienes lo merecieran pudiesen descifrarlo. Esa hermandad fue bautizada como Los Elegidos.

EN BUSCA DEL SANTO GRIAL

El Círculo Hermético y el sueño artúrico de Jung

Un hecho sorprendente ha marcado mi vida desde la juventud, cuando al oír hablar sobre las teorías de Carl Jung relativas al Inconsciente Colectivo y los Arquetipos descubrí con estupor que el célebre psicólogo suizo había fallecido la misma fecha en que yo nací. Desde entonces, he sido un estudioso de su obra, principalmente de los apartados más místicos y menos conocidos, como la Sincronicidad o Teoría de las Casualidades Significativas, el Tarot y la Imaginación Activa, que dieron origen a su enigmática técnica secreta: la Alquimia de la Conciencia.

Todo lo aquí descrito forma parte de un *corpus* de conocimientos sobre los últimos estudios en los que se hallaba inmerso Jung poco antes de fallecer. A su muerte dejó un impresionante legado de sabiduría inédita que todavía no ha sido descubierta ni valorada en su inmensa riqueza para transformar la vida del ser humano. Estos conocimientos exclusivos fueron compartidos por Jung con un reducido número de personas que en 1916 formaron en Zúrich un peculiar grupo de seguidores para promover y conservar «su credo»: el Club de Psicología.

Una sociedad secreta

En su discurso inaugural, Jung los consagró como a nuevos caballeros del Santo Grial y les encomendó que para admitir a nuevos adeptos instaurasen una iniciación basada en la redención espiritual. El Club de Psicología se disgregó durante la segunda guerra mundial, y ahí comienza el misterio. Unos afirman que el Club dio origen al Instituto Jung de Zúrich, que hoy pervive como custodio y legatario de su obra. Pero hay quien afirma que aquellos *caballeros* pasaron a la clandestinidad, como los Templarios mencionados en el *Parsifal*, con la finalidad de luchar contra el Nazismo y las demás tiranías, e instaurar un nuevo orden cultural en Europa como una sociedad secreta: el Círculo Hermético.

Durante años, los historiadores se han preguntado si el Círculo Hermético existió y si a esta sociedad pertenecieron personalidades tan célebres como los escritores alemanes Hermann Hesse[7] y Thomas Mann, ambos premios Nobel de Literatura; así como Wolfgang Pauli, Premio Nobel de Física, o el filósofo Ludwig Wittgenstein, que influyó en todos ellos, especialmente en Jung con sus teorías sobre la *causalidad*. Nada se sabe con certeza; sin embargo, hay que decir que la idea de un círculo de sabios ejerciendo su influjo sobre la Civilización es anterior al fundado por el psicólogo suizo, por lo que Jung debió inspirarse para ello en sociedades o hermandades arcanas anteriores al Club de Psicología. En cualquier caso, es probable que fuese por entonces cuando Jung comenzó a sentar las bases de una curiosa *doctrina*: la Psicocracia.

Alquimia y física cuántica

Carl Jung propugnaba un método iniciático para quienes probasen el merecimiento del poder sobrenatural que aseguraba dominar, y lo denominó Camino del Héroe o Individuación. Para él, la Individuación era comparable a un proceso alquímico personal que una persona emprende consigo misma. Al final de la prueba se alcanza un «estado límite» vital, y si se supera con dignidad, como un «caballero», se trasciende a un estado mental superior y se adquiere poder sobre sí mismo y el entorno que le rodea.

Ésa era la prueba que tenían que pasar los Elegidos antes de ser admitidos en el Círculo Hermético y revelárseles el gran secreto gnóstico-científico que Jung y Pauli, uniendo el hermetismo, la alquimia, la astrología, la ciencia de los oráculos y la física cuántica,[8] lograron sintetizar de manera práctica y utilizable, como una nueva *magia* de nuestro tiempo. Dicha

7. Hesse se nacionalizó suizo como repudio al Nazismo incubado en Alemania.

8. La noción de lo *cuántico* no es un concepto tan actual como se piensa. Tiene su origen en el llamado experimento de Stern-Gerlach, realizado en 1921, y que demostró la cuantización de las componentes de un momento angular interno, llamado

prueba incluía, igual que Sigfrido contra el Dragón, enfrentarse a la Sombra, el Demonio interior que habita en cada uno de nosotros, intentando arrebatarnos el alma, que Jung denominaba *psique*.

Infierno y Subconsciente

Jung hablaba en clave sobre sus provocadoras teorías para la transformación humana, siendo deliberadamente obtuso. «Lo peor que le puede ocurrir a cualquiera es que se le comprenda por completo». Todo era para él muy alegórico y simbólico: la indagación o descenso al subconsciente era comparado por él como el descenso de Dante a los infiernos, o los buscadores de la Sabiduría a la remota en las míticas Agartha o Sambalah de las profundidades, pues «un hombre que no ha pasado a través del infierno de sus pasiones, no las ha superado nunca».

Y esa muerte simbólica es la misma que según Jung ha de experimentar la persona antes de convertirse en un Héroe arquetípico. La misma muerte que Jesucristo: «En la iniciación se pide al novicio que abandone toda ambición intencionada y todo deseo y se someta a la prueba, tiene que estar dispuesto a sufrir esa prueba sin esperanza de triunfo, de hecho tiene que estar dispuesto a morir, y aunque la señal representativa de esa prueba puede ser moderada o muy dolorosa, la intención es siempre la misma: crear la sensación simbólica de la muerte, de la que surgirá la sensación simbólica del renacimiento».

En estos principios se basaría posteriormente Carl Jung para definir al ser humano *esquizotomizado*, incapaz de asumir su responsabilidad ante la sociedad, inmaduro e inoperante para gobernarse él y a sus semejantes: «Los grandes problemas de la humanidad nunca se han resuelto por medio de leyes generales, sino a través de una regeneración de las actitudes de los individuos».

Hay que señalar que Jung considera que la personalidad se dirige hacia una meta casi determinista, y va cambiando a través de la vida para alcanzar ese objetivo prefijado. La Teoría de la Individuación junguiana busca integrar al ser humano *esquizotomizado* (dividido) por la Sombra, para

también cuantización del espacio. La formalización matemática fue expresada por Wolfgang Pauli en 1928, al combinar las ideas de la mecánica cuántica con el principio de la relatividad utilizando una formulación matricial de las funciones de onda.

así hacerle alcanzar una nueva síntesis de vida que responda «a lo que ha venido a realizar en este mundo».

Psicocracia y Sinarquía

Ahondando en ello, podríamos encontrar un interesante paralelismo entre el ideal sistema de gobierno universal que Jung denominaba Psicocracia y la Sinarquía que flota en el *Parzival*. Sinarquía es una palabra de origen griego mezcla de la unión entre *Syn* (simultáneo) y *arckhein* (mando). La diferencia con Monarquía es que la Sinarquía defiende un sistema de gobierno en el cual el poder es ejercido por un grupo de personas o senado, al estilo de los doce caballeros que componen la Tabla Redonda del rey Arturo, la corte de sabios de la mítica Agartha.

Esto daría origen en la Edad Media a la búsqueda del Santo Grial y al mito del Rey del Mundo, el monarca legitimado para gobernar el continente, incluso toda la Tierra, el heredero de una estirpe sobrenatural, que alguna vez reinará sobre toda la Tierra imponiendo un régimen llamado Sinarquía, que significa todo lo contrario que anarquía; en suma, un *orden global*. Tal como lo expresa el experto esoterista Julius Evola, «el Medioevo esperaba al héroe del Grial, y que el jefe del Sacro Imperio Romano se convirtiese en imagen y manifestación del mismo. El soberano que debe volver a despertar, el mismo héroe vengador y restaurador, no son fantasías, sino la verdad de quienes hoy, y sólo ellos, legítimamente pueden decir que están vivos».

Es posible que la idea de Jung de reinstaurar la Sinarquía mediante un concilio secreto de iniciados por él, a modo de gran profeta o demiurgo, la tuviese tras el triunfo del Nazismo y al ver la espantosa facilidad con la que un desaprensivo desalmado como Adolf Hitler trituró casi por completo la rica civilización de Europa. Esta cosmovisión europea ya había sido avanzada por Kant, y sobre todo por Friedrich Nietzsche, cuyas ideas alimentaron distintos (y a veces distantes) ideales, desde el socialismo fabiano de los comunistas utópicos hasta el Nazismo.

¿De dónde viene esta megalómana idea? Pues nada menos que de Hiperbórea, el mítico continente del Norte, desaparecido sin dejar rastro, y cuya memoria se pierde en la noche de los tiempos. La herencia hiperbórea de la mitología nórdica es una pretensión legendaria, a la que han recurrido los defensores de una raza *superior*, los que quieren erigirse por encima de su pueblo y de los demás países presuntamente *inferiores*, como pretendió la ariosofía del Reich. Por contraste, la idea medieval de un Reino de los Cielos europeo proviene de los descendientes del rey hebreo David, el primer monarca de Israel, nombrado directamente por Yahvé. Ambas pretensiones, lo ario y lo sionista (Jung y Freud simbolizan tales divergencias), parecen incompatibles, pues la primera se fundamenta en el paganismo germánico y la segunda en la doctrina instaurada por Yahvé al crear la Tierra Prometida.

El mito del rey Arturo

En la antigüedad, ambas corrientes dieron origen al mito del Rey del Mundo, el monarca legitimado para gobernar el continente, el heredero de una estirpe sobrenatural, destinado a reinar sobre toda la Tierra. Y así es como Roma promovió a los emperadores prototípicos, como Constantino y Carlomagno, que supieron aliarse con la religión para aumentar su poder. Jung decía al respecto que «el derecho divino de los reyes ha sobrevivido hasta tiempos muy recientes, y los emperadores romanos usurparon incluso el título de dios, y exigían el culto a su persona».

¿Pero por qué la sociedad necesitaba un gobernante superior, un hipotético Rey del Mundo? ¿Es posible que la Europa de principios de siglo, tras la todavía no lejana Revolución Francesa y la escisión del Sacro Imperio Romano Germánico, demandase un monarca sinárquico que unificase todas las coronas? Tal como analizó Jung: «Al representar el rey generalmente una personalidad superior que suele ser objeto de una estimación no ordinaria, se ha convertido en el portador de un mito, es decir, destinatario de las manifestaciones del inconsciente colectivo» y añade: «Esta significación de la realeza no fue algo inventado a posteriori; supone un a priori psíquico que se remonta muy profundamente en la prehistoria y se aproxima mucho a constituir una revelación natural de la estructura psíquica». Vale, pero afortunadamente, la democracia ha terminado con todos esos privilegios de estirpe. O casi. Porque todavía quedan en pie diez países con monarquías en activo: España, Inglaterra, Bélgica, Dinamarca, Suecia, Noruega, Holanda, Mónaco, Luxemburgo y Liechtenstein.

Por cierto, ¿nadie se ha fijado en que la unificación europea comenzó a ser realidad con *Los Doce*, y de que el actual Parlamento Europeo se reúne en torno a una gran mesa circular similar a la artúrica Tabla Redonda, alrededor de la cual se sentaban doce caballeros, que dejaban un asiento libre (el 13), reservado para el retorno del rey sinárquico? ¿No es acaso la

Europa de hoy lo más parecido al reino inconcluso de Camelot? La espada *Excálibur* del rey Arturo, o el anillo mágico, presente en la ingente obra de Richard Wagner (*El anillo de los nibelungos*)[9]; en el anillo del Psicoanálisis ideado por Sigmund Freud,[10] copiado después por Einrich Himmler para su anillo iniciático de las SS, forman parte de la misma mitología nórdica.

¿Se consideraba Carl Jung el profeta, el San Juan de la futura Camelot europea? En tal caso, ¿quién era el rey sinárquico, el Mesías a quien esperaba Europa tras la segunda guerra mundial? ¿Un monarca *de sangre* o un presidente? ¿Qué fuerzas ocultas operaban detrás de la construcción de la Unión Europea, ya intuida y quizá propiciada por Jung? Tras la segunda guerra mundial y el intento de restaurar Europa se habló de instaurar una Psicocracia, una especie de parlamento reducido que reuniría a la élite de los principales estamentos de la sociedad: política, economía, ejército, religión, cultura, filosofía... Para ciertos historiadores más bien heterodoxos, este parlamento paralelo llevaría funcionando ya mucho tiempo de manera clandestina, tomando las decisiones que constituyen el destino de la Unión Europea, pero escondidos de la opinión pública.

Una cátedra clandestina

Por muy descabellado y novelesco que te haya sonado todo lo anterior, lo cierto es que Carl Jung crea el Círculo Hermético igual que una estrecha logia de altos iniciados, una especie de parlamento de sabios en la sombra, opuestos a los sistemas de gobierno imperantes, tanto civiles como religiosos, que para él habían demostrado su ineficacia desembocando en el Nazismo que asolaba Europa. Como un mago Merlín oculto, Jung pretendía influir en la humanidad por medio de los altos conocimientos iniciáticos

9. *El anillo de los nibelungos* es en realidad un conjunto de cuatro óperas en las que aparece la Lanza de Longinos. Wagner se basó en el *Nibelungenlied* o *Canción de los nibelungos*, saga griálica perteneciente a un poeta anónimo del siglo XII. Adolf Hitler se inspiró en el *Ocaso de los dioses*, la ópera final, el *Götterdämmerung*, para crear su visión del mundo, una tierra gobernada por una raza superior cuya fuerza y autoridad emana de la sangre y sus profundos mitos ancestrales de las tribus arias del norte de Europa.

10. Desde su fundación en 1912, los adeptos del Psicoanálisis portaban un anillo regalado por Freud con motivo de su graduación. El anillo tenía grabada una imagen de la diosa Isis, emblema del esoterismo.

que había desarrollado, uniendo la incipiente psicología con el misticismo oriental, el hermetismo, la física cuántica, incluso los primeros pasos de una nueva ciencia que despuntaba por aquel entonces: la Cibernética (derivación del vocablo griego *kybernetes*). Dicho término lo usó por primera vez el matemático americano Norbet Wiener aplicado a la teoría del control de mecanismos. Y *casualmente* fue en 1948, el mismo año en que Jung funda su Instituto en Küsnacht.

Todo aquello era demasiado místico para que Jung se permitiese alardear de ello, dado su prestigio creciente y sus eternos enemigos, los discípulos de Freud y su Círculo rival, los psicoanalistas. Por eso la fundación del Círculo Hermético tenía como finalidad instaurar en el mundo un sistema de regencia de sabios que influyesen positivamente en la humanidad desorientada de mediados del siglo XX. A quienes les resulte impensable que Carl Jung pudiese fundar una cátedra clandestina para custodiar y transmitir sus teorías más poderosas y desconocidas, baste decir que su colega Sigmund Freud había hecho lo propio con los acólitos al Psicoanálisis. En este párrafo de Freud se reflejan sin ninguna duda sus intenciones al respecto:

> *Lo que ocupó mi fantasía de inmediato, fue la idea de un concilio secreto, cuyo deber sería cuidar del posterior desarrollo del Psicoanálisis y defenderlo contra personalidades y entredichos cuando yo ya no esté. El comité debe permanecer estrictamente secreto en su existencia.*

Paralelamente a Jung, el psicólogo Sigmund Freud propuso su Psicoanálisis para curar al ser humano mediante la desestructuración y el sondeo a fondo de la personalidad, método que pocos años después utilizarían los torturadores de Stalin para eliminar el pensamiento de los disidentes hacia su régimen soviético. Al contrario, Jung propuso la muerte simbólica, la iniciación, para convertir al hombre esquizotomizado en un ser superior que logre liberarse de su culpa innata. No debe sorprendernos lo místico de ambas propuestas. Eran tiempos en que los psicólogos se llamaban alienistas y la Psicología era un legado del Mesmerismo; la impenetrable técnica creada en el siglo XIX por el pionero de la hipnosis, el doctor alemán Franz Anton Mesmer, todavía era considerada una ciencia a medio camino entre la filosofía, la metafísica y el esoterismo, a veces incluso con incursiones hacia el espiritismo y la teosofía.

LA TEORÍA PERDIDA DE JUNG

MAGIA, CIBERNÉTICA Y FÍSICA CUÁNTICA

Hasta hace bien poco, las teorías de Carl Jung han estado relegadas y tachadas como demasiado *fantásticas* por la psicología tradicional, en parte por el sibilino empeño de los psicoanalistas freudianos, férreos defensores de la tesis de su maestro. Sin embargo, Jung basaba el potencial latente del pensamiento en la fantasía, no en la lógica o en el Psicoanálisis desarrollado por Freud de acuerdo a la profundización de la estructura semántica del idioma. Así defendía Jung su trabajo frente a los detractores: «El credo científico de nuestros días ha desarrollado una fobia supersticiosa ante la fantasía. Pero lo que actúa es real y las fantasías del inconsciente actúan, no cabe dudarlo... Tras el velo de las imágenes fantásticas un algo está obrando, démosle un nombre bueno o malo. Es una cosa real, por cuya razón sus exteriorizaciones vitales han de ser tomadas en serio».

Las teorías del Efecto Mariposa y la Imaginación Activa, evolucionadas como un proceso alquímico e iniciático para los miembros del Círculo Hermético, le costaron a Jung años de su vida, y sólo al final concretó la forma de aplicar tan increíble poder a cualquier persona, no de manera terapéutica, sino para conducirle a realizar toda su naturaleza esencial, para ayudar a desatar los poderes latentes que toda persona tiene si sabe cómo programarlos. Lo explica en el siguiente párrafo a la manera tan críptica que acostumbra:

«Empecé a usar el sistema de tomar una imagen o escena de un sueño del paciente o una idea que le hubiese venido a la imaginación como punto de partida para que lo utilizase el paciente como tema de la libre actividad de la fantasía, dando forma al tema o desarrollándolo. Según las inclinaciones y las disposiciones del paciente, el desarrollo tenía lugar en forma dramática, dialéctica, visual, acústica o en la danza, la pintura, el dibujo o la escultura. Obtuve una gran cantidad de formas diversas, cuya multiplicidad me tuvo durante años sin saber cómo utilizarlas, hasta que comprendí que mediante este método se producían manifestaciones espontáneas en las que los conocimientos técnicos que pudiese tener el paciente solamente intervenían como medios auxiliares de la realización, manifestaciones espontáneas que traducían un proceso inconsciente al que di más tarde el nombre de Proceso de Individuación».

Oráculos y destino

En 1945, el físico alemán Wolfgang Pauli había obtenido el Premio Nobel de Física por su *Principio de Exclusión.* Fue por entonces cuando comenzó a colaborar con Carl Jung en definir el concepto de Arquetipo, como un *revestimiento* de la personalidad, una coraza psíquica necesaria para interactuar con eficacia en medio de las eventualidades que sacuden la existencia del ser humano. Pauli inspiró a Jung que, para la física cuántica, la vida podría compararse a un inmenso juego, cuya principal regla sería el caos. Para jugar a ese juego es necesario adoptar un rol, un Arquetipo, que Jung definió como «disociación del Yo» y Pauli como «simulación cuántica».

Para los físicos cuánticos, en el Universo todo sucede por azar. Pero en la Tierra, donde las personas ejercen su influencia sobre la naturaleza con el fin de sobrevivir a la dureza de las circunstancias que impone la Naturaleza, de poco sirven dichas elevadas teorías que se escapan a nuestra comprensión. El ser humano quiere conocer las reglas precisas por las que se rige la vida física y tangible; quiere conocer las reglas del juego para tener la garantía de ganar. De nada le sirve que la física cuántica diga que la única regla que impera siempre es el caos, el azar. Eso es demasiado terrible, no hay quien soporte semejante incertidumbre. Por ello, el ser humano intenta superar el azar imponiendo reglas, normas, leyes, sentido, razón, lógica y control a todo cuanto le rodea.

Desde sus más remotos orígenes, el ser humano ha querido predecir el devenir y adelantarse a los acontecimientos. Los oráculos irracionales del pasado han dado paso a las máquinas lógicas (los ordenadores) de hoy, pero en definitiva, con la finalidad de adelantarse al futuro, de escamotear las páginas de un enigmático Destino, presuntamente escrito en alguna parte. No obstante, el destino cotidiano de cada persona radica en su interior. Es dentro de nosotros mismos donde deberíamos mirar para comprender lo que nos depara el futuro. «Quien mira hacia afuera, sueña; quien mira hacia adentro, despierta.»

¿Providencia o casualidad?

¿Pero en qué medida es posible adelantarse al devenir, predecir e incluso programar el futuro, más allá de la lógica y la razón? Los científicos comienzan a reconocer que algunas filosofías ancestrales de Oriente, como la budista, tienen bastante sentido. Según los sorprendentes hallazgos de la física cuántica, la conciencia humana sobre su entorno es capaz de moldear el caos en alguna medida. Quizá por eso nos da la sensación de que los hechos son predecibles, de que hay leyes ocultas que rigen el Universo, una *mano que mece la cuna*, un *Gran Hermano* cósmico detrás de todo el tinglado; el jugador invisible. Algunos lo llaman Providencia o Dios, otros lo llaman suerte, fortuna o simple casualidad. Sin embargo, como veremos más adelante, la casualidad no tiene nada de simple.

La conciencia del ser humano es increíblemente ecléctica. Si lo que nos ocurre cotidianamente nos gusta y se acomoda a nuestros deseos, lo adjudicamos a Dios, como resultado de la moralidad y de la fe, síntoma de un premio por mantenernos en Su ley. Otros lo achacan a la suerte, una ley aleatoria, laica y sin lógica; pero ambas igual de caprichosas. Por el contrario, si nos ocurre algo malo o indeseado, replicamos protestando contra la incomprensible ley divina, suponiendo que algo hemos hecho mal para ser castigados. O bien decimos que ha cambiado nuestra suerte, tornándose de buena a mala, debido también a insondables caprichos del Destino, quizá escritos en las estrellas.

Materializando el futuro

Todos esos pensamientos nacen de nuestros deseos; no parten ni de reglas establecidas por la lógica o la moral ni de un libro universal que contiene la vida de cada cual, escrita como si fuesen los anales de la humanidad o el libro de reglas y premisas de un juego de rol. Los pensamientos son un factor de posibilidad, una energía que puede materializarse o no, como la cualidad cuántica llamada Onda de Probabilidad, capaz de hacerse *rea-*

lidad en un espacio y momento dado. Pero para que se *materialice* un pensamiento, hace falta un determinado impulso mental más allá del deseo, un empuje consciente, una poderosa mezcla entre la conciencia y la voluntad. La voluntad *materializa* el pensamiento o lo meramente imaginado, convirtiéndolo en eso que llamamos realidad, aunque la realidad sea mucho más amplia de lo que pueden mensurar nuestros rudimentarios cinco sentidos.

Aun así, ni siquiera la voluntad conduce a los resultados deseados. Muchas veces ocurre más bien que materializamos justamente lo que no deseamos. ¿Qué pasa entonces? ¿Por qué no hay sentido, por qué no existe una regla fija a la que atenerse para que todo nos vaya siempre bien? El caos que percibimos ocurre porque las distintas voluntades dimanadas por la multitud de intereses personales en juego chocan entre sí, anulándose su carga y su influencia, igual que las bolas chocando en la mesa de billar. Pero sí hay leyes, oscuras y ocultas hasta hace bien poco, que pautan el azar. Y en ese ámbito inexplorado todavía por la física, ocurre a veces que la conciencia modifica el *quantum*, que las *voluntades* se multiplican originando una ola de cambios, como sucede durante la reacción nuclear que da origen a una explosión atómica. Estoy hablando del Efecto Mariposa.

La fuerza de lo inconsciente

¿Cómo se pone en marcha semejante fuerza? Lo primero que hay que saber es que se produce de manera subconsciente, por eso es tan difícil que tengan una motivación y un efecto predeterminados. El conjunto dimanado de *voluntades* inconscientes de distinto signo se anulan, mientras que las de igual signo se suman. Pero, en todo caso, se trata de fuerzas incontroladas, que unas veces causan el bien y otras el mal. En definitiva, nosotros, como colectivo, somos los únicos responsables de nuestro Destino. Nosotros somos nuestro principal impedimento para ser felices. Como dijo Jung, «el único peligro que en verdad existe es el Ser Humano en sí mismo. El Ser Humano es el Gran peligro y nosotros estamos en un penoso desconocimiento de ello. No sabemos nada del Ser Humano, ni siquiera un poco».

Entonces, ¿estamos condenados a que nuestro pensamiento subconsciente nos paute la vida? Que sea subconsciente no quiere decir necesariamente que no podamos controlarlo en alguna medida. Es una paradoja difícil de explicar. Lo haremos más adelante. Baste ahora decir que podemos materializar generativamente nuestros pensamientos subconscientes si los unimos a otros similares, sin necesidad siquiera de que conozcamos o estemos próximos a la persona o personas que en cualquier parte del mundo piensan, sienten y desean como nosotros.

Ésta es una de las curiosas particularidades de lo que Leonardo da Vinci denominaba el *Vuelo de la Mente.* Cinco siglos después, la física cuántica ha demostrado que las subpartículas atómicas se comunican entre sí, sin mediar la distancia, incluso en dimensiones distintas. Los expertos llaman a tal efecto *cuantización del espacio*; los budistas, Dharma y los católicos, Espíritu Santo.

La corriente de voluntades constituye una infinidad de posibilidades (estudiada en la Teoría de los Mundos Múltiples), una especie de cuarta dimensión o hiperespacio, dicho en términos cibernéticos; un magma de posibilidades en potencia, latentes y muy reales, que Carl Jung calificó de Inconsciente Colectivo. Nuestra conciencia subconsciente conecta con el Inconsciente Colectivo sin que nos demos cuenta; los pensamientos subconscientes que habitualmente pueblan nuestra conciencia, que configuran eso que denominamos erróneamente *personalidad*, acceden a dicha cuarta dimensión, se incuban y se suman o entran en conflicto y se anulan bajo la única ley del azar, una ley, sin embargo, que puede comprenderse y utilizarse.

Multiplicar las facultades

Para obtener mejores resultados por *simple* azar debemos conectar de manera consciente con lo Inconsciente. Pensando (y sintiendo) conscientemente, tomando conciencia de nuestros verdaderos deseos y nuestro verdadero Yo, así es como nos sumamos a otros similares, se incuban en la corriente de voluntades, se multiplican y se materializan, transformando los sueños en realidad. Esto es lo que configura un orden dentro del azar, los pensamientos conscientes reordenan el caos creando una conciencia colectiva o *cuántica* (la de todos los pensamientos y sentimientos similares).

Los físicos llaman a esta superconciencia universal Orden Implicado. Mantener la conciencia y la voluntad en conexión siempre con nuestros deseos y necesidades las refuerza y materializa; por eso cualquier pensamiento y emoción que parte de nuestra identidad tiene un efecto sobre nuestra vida y la de los demás, y eso es lo que pretendían los miembros del Círculo Hermético: utilizar su influencia y su genialidad personal a favor de lo colectivo y crear el paraíso en la Tierra, el verdadero cometido divino del ser humano.

Somos responsables de nuestro destino y el de todos a la vez. Por eso deberíamos prestar más atención a lo que irradiamos con nuestra mente subconsciente (lo que pensamos, lo que imaginamos), pues forma parte del proceso creador de la realidad de cada día. En uno de los párrafos más clarificadores al respecto, Jung dejó escrito: «Sin la mente humana, el inconsciente es inútil. Éste siempre busca sus propósitos colectivos y jamás tu destino individual. Tu destino es el resultado de la colaboración entre la conciencia y el inconsciente».

Oráculos, religión y política

Las religiones han creado diversas prácticas basadas en la oración o en la meditación, siempre con la idea de establecer contacto con el inconsciente, con ese mundo espiritual y colectivo, representado por el catolicismo con la llama del Espíritu Santo que arde sobre las cabezas de los *iniciados* a semejante poder unificado. Pero las prácticas religiosas son a menudo denostadas por demasiado místicas o incomprensibles, sujetas a reglamentaciones morales y litúrgicas demasiado alejadas de la naturaleza real y de lo cotidiano, acabando por causar indiferencia o incluso rechazo entre los propios acólitos.

Desde sus comienzos, el catolicismo prohibió a sus fieles la consulta de oráculos, provocando un descontento generalizado, pues tal como hemos dicho, los métodos adivinatorios son consustanciales al ser humano desde los tiempos más remotos. Por su parte, el régimen paternalista impuesto por Mao en China intentó hacer lo mismo prohibiendo el *I Ching*, uno de los oráculos más antiguos y complejos que se conocen. Mao descubrió con estupor que los chinos preferían que se les restringiese la comida y la libertad, pero que se les dejase libertad para practicar su método adivinatorio, más que una religión y una filosofía. Y el terrible dirigente tuvo que ceder.

El Tarot como terapia

Conocedor de la influencia de los oráculos sobre las personas, Carl Jung ideó una técnica de conexión superior con lo inconsciente, aparte de las prácticas religiosas y más adaptadas para el hombre racionalista y occidental, que ha dejado de creer en lo místico y lo sobrenatural; que ha dejado de creer en Dios para creer en la tecnología. Podríamos decir que Jung es pionero en la creación y uso de los oráculos como sistema terapéutico, y, de hecho, así es como consideró al Tarot; no un medio para adivinar el futuro, tal como se usa hoy día, sino un sistema de autoconocimiento, que desvela el Arquetipo del consultante y ofrece pistas para que logre lo que desea si es capaz de cambiar. Jung estudió muy a fondo el Tarot, llegando a la conclusión de que sus 22 arcanos mayores se correspondían con otros tantos Arquetipos base o roles comunes al ser humano.

El Tarot y otros oráculos y prácticas para establecer conexión con lo inconsciente son muy importantes, ya que una vez que se configura un pensamiento no hay posibilidad de volverlo atrás, de reintegrarlo a nuestra mente; puede materializarse o no, pero la onda de probabilidad permanece latente para siempre, sumándose a la corriente de voluntades, favoreciendo o perjudicando a los demás, según su signo y las intenciones que lo pusieron en marcha. Semejante poder lo tenemos todos, pero la mayoría lo usa en contra de sí mismo; es un poder capaz de transformar la existencia de cualquiera y de su entorno. Un poder llamado conciencia por la religión católica, *Karma* por los budistas y Efecto Mariposa por la física cuántica. Es el poder de hacer realidad incluso nuestros mayores sueños.

EL *LIBRO NEGRO* DE JUNG

MI ENCUENTRO CON EL CÍRCULO HERMÉTICO

Carl Jung se había jubilado en el año 1947, a la edad de 72 años, aislándose en pleno contacto con la naturaleza, en una casa campestre (La Torre) que él mismo edificó adosada al lago Zúrich, en Bollingen. En ese retiro del mundo, como un asceta, quería dedicar los últimos años de su vida a la investigación práctica de lo que él y su amigo el físico Wolfgang Pauli llamaron el proceso de Individuación, una poderosa forma de iniciación occidental basada en los Arquetipos, el Inconsciente Colectivo y la Imaginación Activa, un conjunto de teorías capaces de desencadenar cambios muy poderosos en la persona que llegase a conocerlas y utilizarlas.

Jung escribió dos obras de alto contenido simbólico: el *Libro rojo* y el *Libro negro*, basadas en la *Obra en rojo* y la *Obra en negro* de la Alquimia. El primero es un diario manuscrito conocido por sus estudiosos como un compendio de experiencias sobre el subconsciente en relación con el espiritismo y los estados alterados de conciencia. Del segundo manuscrito se tienen referencias difusas y contradictorias, pero no se conoce su contenido ni su paradero, jamás se divulgó nada de su contenido hipotético. Es más, se dio por desaparecido durante la segunda guerra mundial. Incluso hay noticias de que los nazis lo buscaron afanosamente, no se sabe si para utilizarlo en su hermetismo pagano o para quemarlo.

Por lo general, en el mundo académico serio impera la idea de que el *Libro negro*, un presunto compendio de apuntes y escritos dispersos que sublimarían las más avanzadas teorías de Jung, no existe. Pero para unos pocos estudiosos de la obra más mística del psicólogo suizo, dicho libro contendría un conjunto de instrucciones personales, las transmitidas de palabra a un reducido número de discípulos. Es decir, tan sólo esos pocos seleccionados por Jung, poco antes de su muerte, habrían sido aleccionados en la utilización del denominado Efecto Mariposa, la parte más increíble y desconocida de sus teorías psicoalquímicas.

La última discípula

Estos afortunados formaban parte de una restringida hermandad, mucho más que una Escuela propiamente dicha, pues tenían la finalidad de ejercer su influencia en secreto, a través de sus obras, manteniendo su carácter clandestino y transmitiendo su conocimiento al modo de los antiguos herméticos, de ahí el nombre que adoptaron para identificarse. Hace unos años tuve el raro privilegio de conocer en Madrid a uno de estos iniciados, todavía con vida, y del que obtuve permiso para escribir este libro que ahora me atrevo a editar. Dicho iniciado era mujer, y apareció ante mí en uno de los períodos más duros de mi vida, igual que un Avatar. Se llamaba Marie-Leonora Strempburn[11] y era una conocida psiquiatra junguiana.

La doctora Strempburn tendría más de ochenta años, si bien no acusaba la edad por su apariencia. Durante las jornadas que empleó en transmitirme las enseñanzas secretas de Jung me llevó a su casa, aunque debo decir que no sé si el lugar era de su propiedad. El caso es que vivía en una villa estilo neogótico rodeada por un amplio jardín asilvestrado. La casa de tres plantas y áticos acabados en tejados de pizarra, festoneados con remates decorativos y chimeneas altas de adobe renegrido, mostraba un aspecto abandonado y decadente: la verja metálica despintada, con sus adornos de hierro forjado atacados por la gangrena de la intemperie; el jardín poblado de malas hierbas y hojarasca de los altos árboles; las ventanas veladas por la suciedad del exterior; la fachada de ladrillo y piedra arañada por penachos de hiedra reseca. Sin embargo, todavía quedaban trazas del airoso palacete de recreo que había sido en otros tiempos, cuando esta zona de Madrid era un aristocrático barrio residencial.

11. Se trata de un nombre ficticio para proteger su verdadera identidad.

Súbita desaparición

El palacete estaba situado en el barrio de Argüelles, entre ruidosas avenidas, embutido entre grandes edificios impersonales, de oficinas y delegaciones oficiales, como una rémora del siglo XIX, cuando la ciudad todavía no había vendido su alma y su suelo a los especuladores de la construcción. La casa transmitía una sensación de tiempo perdido, zona muerta o cuarta dimensión. Recuerdo que admiré aquella vieja presencia obstinada entre la hortera modernidad rutilante que la sitiaba. La villa, al estilo de las casas de recreo que proliferaban antaño en el extrarradio, estaba separada de la calle por una tapia de musgoso adobe ocre y una alta verja de lanzas melladas. El lugar tenía todo el encanto de un pasado glorioso y desvencijado, pero su interior parecía un museo, con todo el moblaje original intacto y bastante polvoriento.

Lo que aquí vas a leer es una trascripción de las conversaciones grabadas que mantuve con la doctora Strempburn durante varios días, como si me estuviese preparando para mi graduación. Mejor dicho, nuestros encuentros en la misteriosa villa no eran conversaciones, sino monólogos por su parte. Yo callaba y ella me instruía en el contenido del *Libro negro* de Jung. Luego, un día desapareció inopinadamente como había llegado, como un espectro, y jamás he vuelto a saber de ella. Porque me quedó su voz y sus enseñanzas en la cinta magnetofónica; de lo contrario, habría dudado de si todo fue un sueño. Muchas veces me he preguntado si acaso es así como actuaban los componentes de ese restringido grupo de discípulos, y si es posible que fuese yo el último *Elegido* para recibir el testigo de aquellos alucinantes conocimientos jamás divulgados hasta la fecha. Si es así, espero cumplir bien mi cometido al dar a conocer de manera práctica la capacidad humana de influir en su futuro, siendo un poco más libres y más dueños de nuestro destino. Pues tales eran las intenciones de Jung, según Marie-Leonora Strempburn.

Jung predijo su muerte

Carl Jung era un mago, un alquimista moderno, que viajó por todo el mundo para estudiar in situ ancestrales conocimientos indígenas, en México, África o la India. Su dominio de sí mismo y la conexión sutil que había establecido con lo inconsciente fue tal que para muchos era capaz de predecir el futuro, y pensaban en él como un oráculo vivo. Sin embargo, la realidad era mucho más apasionante. Porque Jung no hablaba de pronosticar el futuro, sino de crearlo. De ahí que la doctora Strempburn me afirmase que Jung fue capaz de elegir el momento de su muerte, tal como hacen los grandes lamas del Budismo. «Y quizá también haya elegido el momento de su reencarnación», añadió misteriosamente, clavándome su mirada penetrante.

Un día Jung vio caer un rayo y partir de cuajo el tronco de un inmenso árbol, debajo del cual pasaba mucho tiempo reflexionando y escribiendo sobre sus investigaciones. Supo que había llegado la hora de su muerte, y así lo anunció a sus allegados, que no le prestaron demasiado crédito, ya que, a pesar de su avanzada edad, mantenía una gran vitalidad, siempre trabajando al aire libre. Pero una vez más acertó, porque, en efecto, falleció a los pocos días. «Él hubiese querido que todas las personas se beneficiaran del poder extraordinario que conlleva su descubrimiento, pero tenía miedo; hay algunos que utilizan todo poder para su provecho personal», me confió la psiquiatra.

Conócete a ti mismo

Si bien se mira, el secretismo de Jung es comprensible. Acababa de terminar la segunda guerra mundial, y los horrores nazis, desatados por un diabólico visionario, todavía estaban latentes en la conciencia de las personas. Por eso encomendó a sus discípulos que custodiasen su método y lo transmitiesen únicamente de palabra o de forma simbólica, como se hacía en las antiguas logias y corporaciones secretas (los constructores de catedrales, los trovadores, los alquimistas...), sólo a quien las mereciese; así surgió la hermandad invisible de los Elegidos.

Pero el *Libro negro* existió, no es una entelequia, eso puedo asegurarlo. Hasta la fecha, de su contenido hipotético tan sólo se han aventurado meras nociones que unos pocos han tratado de descifrar sin éxito. De cómo cayó en mis manos gracias a la iniciada discípula, ya lo he dicho, y confieso que me asusta pensar que no fue casualidad, sino que fui *elegido* para ello por un designio que todavía no alcanzo a comprender. En esta obra trataré de resumir de la manera más simplificada la información que el azar tuvo a bien poner en mis manos.

El mundo académico se sorprendería si conociese la verdadera naturaleza de las investigaciones que estaba realizando Jung en sus años de alejado retiro en el lago Zúrich. Demasiado místicas y sobrenaturales para que la comunidad científica las tomase en serio, y, sin embargo, coincidentes con las últimas investigaciones sobre la cibernética y la física cuántica. La teoría final de Carl Jung es tan asombrosa, tan revolucionaria y rompedora, que la ciencia actual no está preparada para asimilarla. Ya lo dijo Jung: «La ciencia es el arte de crear ilusiones convenientes, que el necio acepta o disputa, pero de cuyo ingenio goza el estudioso, sin cegarse ante el hecho de que tales ilusiones son otros tantos velos para ocultar las profundas tinieblas de lo insondable».

Como suele suceder, las estructuras van siempre por detrás de las personas. En los umbrales del tercer milenio, al ser humano le hacen falta nuevas herramientas, actitudes y aptitudes para afrontar con éxito los grandes desafíos que le presenta la existencia, cada día más cambiante y compleja que nos ha tocado vivir. El sabio y famoso lema helénico *conócete a ti mismo*, nunca ha sido tan necesario como ahora. Las respuestas que buscamos están en nuestro interior, en la parte subconsciente, la última frontera todavía inexplorada.

Los Elegidos del destino

Carl Jung había formado su especie de logia para que sus miembros actuasen como avatares o polarizadores de mensajes capaces de penetrar en la conciencia colectiva de las personas, influyendo en la sociedad y en la política de cada época: Los Elegidos. El trabajo de Jung en los últimos meses de su vida se centraba por lo visto en temas demasiado fabulosos y místicos para ser tomados en serio por la psicología racional; se hablaba de ciertas investigaciones y experiencias secretas sobre el taoísmo, los mandalas, la influencia psíquica sobre la realidad, la Sincronicidad, la física cuántica y cosas por el estilo.

Pues bien, yo puedo decir que los Elegidos de Jung todavía perviven, tal como plasmo en mi novela *El Elegido*.[12] Se trata de un grupo selecto de personas que, cada una desde su campo profesional, ejercen su influencia beneficiosa en el mundo, a través de las teorías secretas de su maestro. ¿Pero de qué trataban esas teorías? Era un método de actuación personal que todavía no tenía nombre, una especie de juego capaz de incidir sobre la realidad de quien lo jugaba, y había sido desarrollado por Jung toman-

12. *El Elegido*, Joaquín de Saint-Aymour, editorial Martínez Roca, Madrid.

do como base la meditación zen, la psicología, el hermetismo oriental, la cibernética y la física cuántica.

Todo lo concerniente a la física le fue explicado a Jung por el mismísimo Albert Einstein, en la lejana época en que eran compañeros de docencia en Zúrich, durante un encuentro de ambos en Küsnacht. Desde entonces Jung se embarcó en el proyecto de trasladar y aplicar las leyes que rigen en el Universo a la mente, entendida ésta como un microcosmos capaz de sintonizar con el macrocosmos universal y extraer de él todo su inmenso poder para beneficio de la persona. La base principal de su sistema se denominó Sincronicidad.

SINCRONICIDAD

Viviendo en tiempo real

Según Hermann Hesse, «cada hombre sólo tiene una vocación genuina: encontrar el camino hacia sí mismo. Su tarea es descubrir su propio destino –no uno arbitrario– y vivirlo totalmente con resolución». Carl Jung denominó al proceso necesario para adquirir la capacidad de incidir sobre la realidad tangible que nos rodea Proceso de Individuación. Se trata ni más ni menos que de una iniciación, al estilo de las antiguas hermandades herméticas, que tenía la finalidad de revelar los secretos custodiados al nuevo adepto. Sin embargo, la activación de tan misterioso poder hermético es bien real y demostrable, aunque la prueba que requiere atravesar es tan dura que en la cultura oriental budista se califica como la *Senda del Guerrero*. Jung lo llamó Camino del Héroe, estableciendo un paralelismo con el Sigfrido que vence al Dragón o el Cristo arquetípico que vence al Demonio.

> *La iniciación es un proceso que comienza con un rito de sumisión, continúa con un período de contención, y luego con otro rito de liberación. De esta forma el individuo puede reconciliar los elementos en conflicto de su personalidad: puede conseguir un equilibrio que hace de él un ser verdaderamente humano y verdaderamente dueño de sí mismo. En la iniciación se pide al novicio que abandone toda ambición intencionada y todo deseo y se someta a la prueba, tiene que estar dispuesto a sufrir esa prueba sin esperanza de triunfo; de hecho, tiene que estar dis-*

> *puesto a morir, y aunque la señal representativa de esa prueba puede ser moderada o muy dolorosa, la intención es siempre la misma: crear la sensación simbólica de la muerte, de la que surgirá la sensación simbólica del renacimiento.*

En suma, se trata de una metamorfosis: la iniciación o Individuación junguiana intenta hacernos pasar del estado de gusano al de mariposa. La mariposa es un símbolo universal de transformación. Es una comparación adecuada, ya que los descubrimientos de Jung podrían compararse a una especie de *vuelo de la mente*. Pero antes de arriesgarse a manejar un poder así, se necesita comprender cómo funciona y qué lo activa. Manipular las reglas del Juego de la Vida es una gran responsabilidad; sería peligroso dejarlo en manos de cualquiera.

Psicología y Física unidas

La Teoría de las Casualidades Significativas, técnicamente denominada *Synchronicity* (Sincronicidad), es básica para comprender cómo funcionan las reglas del juego al que nos estamos refiriendo. Carl Jung y Wolfgang Pauli trabajaron juntos en la Sincronicidad, la última obra oficial publicada por Jung, en 1952. Ambos creían que lo que llamamos casualidades son conexiones subconscientes y fortuitas con el Inconsciente Colectivo. En la Teoría de la *Synchronicity* se unieron por primera vez la psicología y la física. Jung y Pauli opinaban que si lográsemos establecer contacto voluntario con el Inconsciente Colectivo, podríamos realizar milagros, generar nuevas *realidades* alternativas, tangibles y físicas.

Estaban seguros de que la capacidad de manejar las reglas ocultas que gobiernan el Juego de la Vida tienen su raíz allá donde confluyen la Casualidad y la Causalidad. Dos palabras muy parecidas pero de contenidos tan opuestos, y que resumen la eterna discusión teológica entre el Libre Albedrío y el Determinismo. ¿Somos realmente libres o estamos condicionados a ser de una única forma? ¿Podemos cambiar? ¿Tenemos control sobre nuestro destino o, por el contrario, el futuro está escrito en los astros, tal como pretenden los horóscopos y las cartas astrales? Esta obra servirá para contestar a ello y explorar tales potencialidades humanas a la luz de la Sincronicidad o Principio de las Conexiones no Causales.

Pensamiento generativo

Pero vayamos al grano: Jung aventura la posibilidad de que un simple pensamiento, si se efectúa de la manera adecuada, con la intensidad y el tiempo suficiente, puede alterar nuestro destino, al estilo del efecto físico denominado Efecto Mariposa. Es decir, podemos pasar del determinismo al libre albedrío con un poderoso acto mental de conciencia. Esto, que puede calificarse de *milagro* en términos religiosos, es un hecho natural; la conciencia es una cualidad del pensamiento. Tiene que ver con la atención voluntaria sobre algo determinado; por ejemplo, una imagen mental.

Desde hace miles de años existen psicotécnicas para el dominio de la conciencia, de manera que pueda generar resultados deseables para el devenir o destino de una persona. La meditación zen es una disciplina psicofísica de origen budista capaz de ampliar la conciencia para generar resultados en la vida material, aunque paradójicamente se trata de una disciplina oriental tan de moda como desconocido es su verdadero significado y potencial en Occidente. En contra de lo que muchos suponen, el zen no tiene nada de místico, no es otra cosa que atención voluntaria, *conciencia* en estado puro; un método para cargar las baterías personales de una energía invisible pero bien poderosa para activar el *vuelo de la mente.*

A este respecto, hay dos tipos de pensamiento o toma de conciencia voluntaria. El pensamiento convencional es lineal y se denomina *causal.* Es el que impera en Occidente, y afirma que todo efecto proviene de alguna causa, y que sin causa no puede haber efecto. Sin embargo, desde hace milenios, en Oriente ha imperado un tipo de pensamiento que Jung calificó al estudiar el taoísmo de *sincrónico*, porque no es lineal. Los efectos coinciden en el tiempo con las causas, están interconectados; es decir, se trata de una hipótesis más apropiada para explicar cómo se desarrolla el Juego de la Vida, justamente cuando jugar de una manera o de otra es lo que determina nuestro futuro.

Los taoístas, así como los grandes lamas orientales capaces de reencarnarse a voluntad, lo vienen practicando desde hace miles de años, entrenando su mente para unificar el pensamiento como una poderosa herramienta de logro. Así lo explica de forma metafórica la doctrina contenida en el libro titulado *Tao Te King*, la legendaria obra que contiene un conjunto de aforismos de sabiduría vital y confucionista. Fue escrito entre los siglos IV y III antes de Cristo en China, y su traducción aproximada es la siguiente: *Libro clásico relativo al sistema que gobierna el todo y la natura-*

leza de las cosas. Es uno de los libros más antiguos y vendidos del mundo. La obra se atribuía a Lao Tsé, pero hoy se sabe que ese nombre (*el Viejo*) se refiere a la antigüedad del libro. En realidad, su autor se desconoce.

Pero como normalmente nadie es un lama, Carl Jung, gran admirador del taoísmo, desarrolló al final de su vida un modo más occidental de meditación o atención voluntaria, acorde con el hombre práctico y *científico*, que ha perdido la fe en la magia, lo sobrenatural, lo místico y lo divino. Jung era un hermético, pero también fue un científico riguroso, incluso mucho más que su colega Freud.

La Sincronicidad en acción

Intentaré resumir en pocas líneas cómo funciona la Sincronicidad en la práctica. La mente nos ofrece las respuestas que buscamos de manera simbólica, con signos y señales. En realidad, dichas señales no existen, es la conciencia la que hace al Yo que se fije en determinadas cosas que suceden y excluya otras, para que por nosotros mismos encontremos la solución que buscamos. Como afirma la física cuántica, al *observar* (tomar conciencia) la realidad es cuando la *materializamos*, efecto que se llama colapso cuántico. Sin embargo, eso que llamamos realidad no existe fuera de nuestra conciencia perceptiva. La realidad no es más que la forma de ver la realidad que tiene cada uno. Y eso nos determina cómo nos va en la vida.

La mente se sirve de lo obtuso para evidenciar lo obvio. Por eso hay que entrenar a la conciencia para *traducir* el contenido obtuso de los símbolos que surgen a nuestro paso, con el fin de detectar las señales que nos guían subrepticiamente hacia donde deseamos. Y eso es lo que se llama meditación. La Sincronicidad es la capacidad natural de permanecer consciente de la mayor parte de cosas que ocurren para el Yo de manera inconsciente. *Consciente* viene de *conciencia*. Es la conciencia la que determina lo que para cada uno de nosotros considera *real*. Aumentando la conciencia se aumentan y amplían las posibilidades de lo real, se enriquece la vida.

Existe la posibilidad de entrenarse, como por ejemplo con la meditación trascendental. Pero la lectura es un sencillo y magnífico entrenamiento de la conciencia, uno de los mejores y más completos ejercicios de meditación que se puedan llevar a cabo. ¿Quién se acuerda del Yo cuando está sumido en la lectura de una buena historia? Las estructuras gramaticales del lenguaje, la sintaxis[13] y el vocabulario más amplio y extendido aumentan el poder procesador y generador de la conciencia. Ninguna nueva tecnología puede sustituir al libro; al contrario, el mundo imperante de la imagen empobrece paulatinamente nuestra conciencia y baja nuestros niveles de percepción de la realidad.

El otro entrenamiento en volverse más consciente de la realidad que nos rodea es precisamente practicar con ello a toda hora, percibir la realidad tal como viene, sin *intelectualizarla*, sin distorsionarla según los filtros e idealizaciones que hemos ido configurando socialmente. Las posibilidades de mejorar la realidad cotidiana aumentan si se cambian los pensamientos limitadores por otros más generativos; un sistema de meditación sobre la marcha que los expertos denominan *self-talk*, hablarse a uno mismo. Y esta forma de hablarse a uno mismo no es otra cosa que pensamiento sincrónico, una facultad desarrollada por la cibernética para que los ordenadores *piensen* de manera más práctica y eficaz.

Ordenadores: a nuestra imagen y semejanza

El pensamiento sincrónico debe observar (tomar conciencia) las dos realidades que imperan en el ser humano, la física y la psíquica. No se trata sólo de encontrar coincidencias o casualidades exteriores que nos corroboren que existe la Sincronicidad y las casualidades, sino de concederles una utilidad práctica para mejorar nuestra vida diaria. ¿Qué sucede en el plano físico cuando una persona piensa (imagina) determinada causa o acción? Según el pensamiento causal, nada. Según el pensamiento sincrónico, la conciencia genera lo que sucede. Pero, ¿cuál es el motivo de que pueda relacionarse lo pensado con lo sucedido? ¿Cómo se puede medir un efecto así, aparte de la experimentación subjetiva del hecho por parte del que lo ha vivido?

Comúnmente, usamos el álgebra para calcular las probabilidades de que algo ocurra. Pensamos mediante la matemática y el cálculo, al igual que hacen los ordenadores. Y no es raro, puesto que los hemos creado nosotros «a nuestra imagen y semejanza»; nosotros somos sus dioses, y ellos *creen* que no disponen de Libre Albedrío. El ordenador como Golem creado por el ser humano, valga el paralelismo cientifista entre el hombre y la máquina,

13. Por eso el gran poeta francés Paul Valéry dijo que "la sintaxis es una facultad del alma".

cuyo Dios es el hombre que la crea. La del Golem es una curiosa leyenda cabalística del siglo XVI. Cuenta que el rabino Löw de Praga creó una criatura de barro, a la que dio vida recurriendo a los textos sagrados hebreos. El Golem era una especie de esclavo doméstico, un autómata, pero imprevistamente cobró conciencia de sí mismo, e intentó rebelarse contra su creador.

Por su parte, los superordenadores son usados por instituciones y corporaciones igual que modernos oráculos de vaticinio. Podemos imaginarlos como enormes bolas de cristal con las que *ver* el futuro; y, de hecho, sirven tanto para predecir los cambios meteorológicos como los sociales y económicos. Sin embargo, aunque cada vez son más eficaces, hace falta una potencia de procesador que todavía no poseen, y desde luego sus predicciones aún están lejos de ser infalibles.

Pero lo curioso del hecho es que el álgebra que mueve los programas informáticos nació del más antiguo método de adivinación que existe en el mundo: el *I Ching*, el famoso oráculo chino del que ya hemos hablado. Oficialmente se denomina *Libro de las Mutaciones*, y estaba emparentado con el taoísmo. Pocos saben que Carl Jung pasó los últimos años de su vida estudiando a fondo este curioso método rudimentario basado en el azar, con el que Leibniz sentó las bases para que George Boole desarrollara el sistema por el cual actualmente funcionan básicamente todos los ordenadores.

En 1854, George Boole, estudiando las operaciones mentales que dan lugar al razonamiento, creó el código binario basándose en las ideas de la *aritmética binaria* planteadas por Leibniz en el siglo XVII. El código binario permite que los datos sean representados por combinaciones unívocas de impulsos *on-off*. Se representa con un 1 (uno) al impulso *on* y con un 0 (cero) el impulso *off*. A base de combinar muchos ceros y unos, es posible representar cualquier cifra, letra o símbolo. El círculo se cierra y la magia de ayer se convierte en la cibernética de hoy. Sin embargo, los ordenadores no pueden cobrar conciencia de sí mismos, no pueden rebelarse como el Golem de la leyenda hebrea, porque les falta tener Arquetipo.

ARQUETIPOS

Nuestro rol en el Juego de la Vida

Aparte de la Sincronicidad, otro de los pilares de la nueva ciencia que definen a Carl Jung son los Arquetipos. Dicho de manera simple, un Arquetipo es el rol o patrón de conducta que adoptamos según el momento y las circunstancias, igual que sucede en los juegos de rol, esos que cuentan con millones de seguidores en todo el mundo. Pero el rol y la conducta no deben confundirse con la personalidad ni con la identidad que nos define de manera singular. El rol es como un disfraz transitorio de la personalidad, un Yo virtual que se asume en determinadas circunstancias. La conducta es aleatoria y móvil; en cambio, la personalidad suele ser bastante más inamovible, y mucho más la identidad.

La conducta depende de nuestra elección, pero la personalidad y la identidad dependen en parte de la herencia genética y de las experiencias exteriores recibidas a lo largo de nuestra vida, se van forjando a través de la relación con los demás. Por eso, el Arquetipo es como la apariencia que asumimos en un determinado momento de nuestra vida; una *máscara* que, para bien o para mal, determina buena parte de nuestro comportamiento y nuestro carácter. Mientras los signos zodiacales se consideran caracteres fijos, los Arquetipos son móviles e intercambiables, se parecen más bien a los arcanos del Tarot.

Tarot: oráculo y terapia

Seguramente, el Tarot recaló hace setecientos años en las grandes ciudades estado italianas, como Florencia, Milán y Venecia, a través de las rutas comerciales con Asia abiertas por Marco Polo. El más antiguo Tarot conocido es el que había en la corte milanesa de Visconti-Sforza, realizado por Bonifacio Bembo a mediados del siglo XV, pintado para la boda de la hija del duque. Pero los arcanos mayores son figuras arquetípicas en sí, tan antiguas que aparecen en relieves medievales, e incluso egipcios.

Jung estudió durante años el oráculo del Tarot, descubriendo que los 22 arcanos mayores y figuras alegóricas o ideogramas principales de la baraja coinciden con los principales roles o modelos de comportamiento de una persona. Dichos modelos de comportamiento nos determinan, estableciendo probabilidades de futuro. Por eso el Tarot es al mismo tiempo un oráculo y un medio de transformación o terapia. Cada imagen del Inconsciente Colectivo, llamada Arquetipo, funciona como un modelo o estructura de comportamiento. A su vez, esta imagen eterna y primitiva funciona como una señal o estímulo que activa en nosotros mecanismos heredados en nuestro sistema nervioso central, que, a su vez, desencadenan comportamientos o emociones que volcamos en nuestro entorno. El Arquetipo influye en nuestras decisiones.

Cómo asumimos un Arquetipo

¿Puedo cambiar mi Arquetipo si el que tengo asumido (Jung lo llamaba *constelado*) no me proporciona los resultados que deseo? La mayor parte de las veces que se constela un nuevo Arquetipo ocurre de manera involuntaria, incluso inconsciente, empujado por el entorno, las demás personas y las circunstancias. Cuando una circunstancia se vuelve problemática, nos acucia mucho y nos genera una gran tensión, se constela un nuevo Arquetipo con el fin de afrontar de otra forma la situación. Surge así una nueva manera de manifestar nuestro Yo al exterior, fundamentado en interactuar de otra forma e intentar resolver el problema. Por eso podemos imaginar la vida como un juego de rol inmenso.

La mayoría de las veces elegimos el Arquetipo de manera subconsciente. Por lo general, nadie lo elige voluntariamente, nadie sabe que tiene un rol constelado que le conduce casi matemáticamente a fracasar o a triunfar; de ahí que los oráculos funcionen y predigan el futuro, ya que todo oráculo se basa en adivinar el Arquetipo del consultante. Otros van dando palos de ciego, cambiando de rol sin sentido ni objetivo claro. Esa dispersión limita el éxito de sus gestiones. Con esto queda claro que la manera más práctica de vivir este juego de rol que es la vida sería elegir el Arquetipo idóneo a cada situación. Y esta elección no es consciente, como acabo de indicar, sino subconsciente.

Por eso, para acertar, debemos orientarnos con las pistas que nos ofrece la Sincronicidad. Carl Jung descubrió que los hechos sincrónicos son una guía silenciosa, y que las casualidades significativas que nos ponen en contacto con otro plano de realidad están relacionadas con los Arquetipos. Los Arquetipos o modos de comportamiento que adoptamos según cada cual su personalidad son patrones de conducta social (el Yo consciente) en relación al exterior, útiles para *jugar* en el campo de la vida. Pero nuestro Yo es una forma demasiado burda y rudimentaria para entender las reglas por las que se rige el Juego de la Vida. Necesita el disfraz y la máscara del Arquetipo. Como cuando Superman se transforma vistiendo su traje de superhéroe.

Actuar sin Arquetipo

Si no adoptásemos ningún Arquetipo, podríamos jugar pero sin obtener los resultados deseados. No adoptar un rol para entrar con él en el Juego de la Vida sería como pretender representar un personaje sin guión o entrar en Internet sin conexión telefónica, comparando al Inconsciente Colectivo con el hiperespacio, lo cual es una metáfora bastante singular y apropiada, como veremos más adelante. ¿Cómo acceder a ese hiperespacio y obtener el éxito que deseamos? Primero, se ha de adoptar el Arquetipo más adecuado a la situación y a la circunstancia, y luego permanecer atento a las experiencias sincrónicas, dándose cuenta, estando atentos cuando se producen, para cambiar sobre la marcha, antes de que las circunstancias se vuelvan demasiado adversas y sea tarde o demasiado penoso. Si supiésemos cambiar a tiempo de Arquetipo, sobre la marcha, adaptándolo mejor a cada momento del juego, nos evitaríamos mucho desgaste y sufrimiento innecesario. Es posible pero difícil.

Para ello, hemos de permanecer siempre atentos al significado de cuanto nos rodea, porque el significado de la existencia nos es lógico ni manifiesto; al contrario, ya hemos dicho que casi siempre se produce de manera sincrónica y simbólica (de ahí también el arcano simbolismo del Tarot) y arquetípica. Para bien o para mal, el Juego de la Vida no dispone de un manual de instrucciones, como muchos quisieran. Pero la vida nos ofrece pistas para conducirnos hacia donde nosotros mismos deseamos, si bien dichas pistas están codificadas bajo significados ocultos. De otro modo, el Juego de la Vida sería muy aburrido. Sería un juego predeterminado, lo que supondría que en lugar de personas seríamos máquinas. ¿O acaso lo somos?

El rol del Demonio

Pero volviendo a lo de antes; entonces, ¿qué solución tenemos si no obtenemos los resultados deseados, por ejemplo en nuestro trabajo y en nuestra vida familiar y de pareja? Realizar un exorcismo voluntario. Dicho de otra forma: si no alcanzamos los resultados apetecidos hemos de cambiar nuestro actual Arquetipo por otro más apropiado, porque ya hemos visto que estamos determinados por el Arquetipo que asumimos, no por el Destino. Si no cambiamos de Arquetipo, aunque cambien las situaciones y las circunstancias, nosotros siempre repetiremos los mismos errores y cosecharemos los mismos resultados; de ahí el alto nivel de acierto de los oráculos bien manejados.

La culpa de nuestros fracasos no es de las circunstancias ni de los demás, sino nuestra. Ése es el motivo por el que muchas personas se ven incapaces de cambiar, por lo que muchas veces grandes esfuerzos no solucionan los problemas, y seguimos como anclados en la misma situación, pero más cansados y cada vez más impotentes. Finalmente, quiero añadir que ningún Arquetipo es malo ni bueno, todo depende de la situación y la circunstancia personal. El Arquetipo no eres tú, el Arquetipo sólo es un rol, un disfraz con el que tu Yo se manifiesta y participa en el Juego de la Vida.

El poder de la imaginación

Antes de plantearnos cambiar de Arquetipo hay que estudiar mejor qué es y cómo lo asumimos. Según Carl Jung, el rol o Arquetipo es una chispa de energía que surge en alguna parte de nuestro cerebro (del subconsciente), es un acto de identidad personal que salta por encima del determinismo y de los condicionantes, y empuja al ser humano a actuar en una dirección concreta. Nosotros lo ponemos en marcha con un acto involuntario, pero podemos desactivarlo con un acto de voluntad. Si los indicios y la experiencia nos muestran que el Arquetipo que estamos usando no es el adecuado para obtener el resultado que deseamos, podemos cambiarlo, aunque hacerlo de manera voluntaria requiere una gran práctica, concentración y fuerza de voluntad.

La mayoría de las personas no pueden conseguirlo, por eso no progresan como desean. Este libro ha sido escrito para enseñarte a modificar el Arquetipo y jugar con más ventajas en el Juego de la Vida. Esto se hace mediante la poderosa técnica transformacional que Jung denominó Imaginación Activa, de la que vamos a ir hablando paulatinamente. ¿Cómo se aplica la Imaginación Activa? Por ejemplo, si se nos hace patente que el Arquetipo presente no nos conviene, podemos cambiarlo soñando voluntariamente un sueño generativo, es decir, *imaginando* cómo nos iría en esa situación si fuésemos una persona distinta, como si tuviésemos asumido un rol distinto. Un sueño generativo es lo que Jung denominaba Imaginación Activa, el poderoso método de conciencia creado durante los últimos años de su vida.

La imaginación es tan poderosa porque supone un acto de voluntad consciente que posee una enorme energía, capaz de hacernos cambiar hasta lo más profundo de nuestro ser. Pero imaginar no es soñar; el sueño generativo del que hablo es otra cosa. El sueño común cuando dormimos es involuntario, la imaginación es voluntaria, pero ambos tienen la misma fuerza si se efectúan de manera consciente, no como cuando dormimos. El sueño va desde el subconsciente al consciente y la imaginación va desde el consciente al subconsciente; puede transformarlo y hacerlo cambiar. Para muchas situaciones de la vida, el conocimiento y el raciocinio no nos sirven de mucho, pero la imaginación sostenida y constante, centrada en aquello que deseamos lograr, abre el camino para constelar el Arquetipo superior que nos hará generar aquello que necesitamos para lograr el éxito, en apariencia por *casualidad*.

Así actúa la casualidad

Las casualidades no tienen sentido, es decir, direccionalidad; en realidad todo hecho simbólico no tiene más sentido que el que nosotros le queramos dar; tenemos que encontrarle sentido, el sentido que nos conviene. Pero el sentido es siempre algo muy relativo, claro. Lo que para uno tiene un sentido, para otro puede tener otro o no tener ninguno. Así pues, la clave es: podemos interpretar los mensajes sincrónicos de manera positiva para reorientar nuestra vida. ¿Cómo podemos calcular la ingente cantidad de mensajes y claves que nos ofrece la vida a diario? ¿Tiene la mente semejante capacidad, o necesitamos recurrir a una máquina, como pretendía Charles Babbage,[14] uno de los padres de la informática?

No en vano, en 1833 Babbage sentó las bases de un rudimentario pero eficaz sistema de tarjetas perforadas para alimentar de datos a su teórica Máquina o Ingenio Analítico, que no construyó, aunque estaba tan bien ideado que para muchos supone el inicio de la ciencia de la computación. Charles Babbage pretendía con ello establecer un sistema de computación con el que adelantarse a los movimientos del sistema financiero inglés y poder influir así en la economía mundial por medio de su máquina.

Los modernos superordenadores para el cálculo de probabilidades intentan establecer pautas en los hechos impredecibles. Sin embargo, no sirven, porque eliminan y excluyen las casualidades al realizar su cálculo. Los científicos no consideran elementos válidos el azar y las casualidades; al contrario, tratan de ignorarlos si se producen, achacándolos a fallos en alguna parte del sistema o a errores *humanos*. ¿No tiene gracia? Al hacer eso perdemos la mejor guía para lograr cambiar nuestra vida, ya que así no sintonizamos nunca con la realidad, que siempre es cambiante y aleatoria.

Sin embargo, los ordenadores también trabajan con lo aleatorio, más en concreto con lo que se llaman generadores de números pseudoaleatorios, pero los programas informáticos (que son como la conciencia del ordenador) coartan su capacidad aleatoria que los convertiría en oráculos tecnológicos perfectos. Paradójicamente, los programas han sido creados para controlar la mente aleatoria del ordenador y obligarlo a que ofrezca resultados lógicos y causales, así que su predicción es muy limitada en los hechos y en el tiempo, ya que lo racional y lo lógico nunca ofrecen símbolos que interpretar, ya está todo dado de antemano. Muchas veces, las personas nos comportamos igual.

Vida computerizada

De nuevo vemos que los computadores que manejamos cada día han sido creados a nuestra imagen y semejanza, porque todo sistema operativo es un eliminador del azar; éste es el modo en que trabajan los ordenadores, y, de hecho, actualmente muchas personas van por la vida como si fueran uno de ellos. No creen en nada, luego nada obtienen de lo que no creen.

14. Charles Babbage (1792-1871), matemático inglés.

La mayoría de las personas tienen una forma de pensar muy parecida a los patrones informáticos, sólo con la lógica racional, perdiéndose la magia de la vida.

La forma pseudoaleatoria conforme *piensan* los ordenadores se denomina randomización (del inglés *random*: fortuito, aleatorio...), una cualidad copiada por los cibernéticos de nuestra propia forma de pensar. Explicaré de lo que se trata con un sencillo ejemplo: un programa de ordenador para jugar al ajedrez calcula todos los posibles movimientos antes de mover la pieza. Para la máquina no es más que un cálculo matemático de probabilidades.

En cambio, para el jugador, como le resulta imposible realizar todos esos cálculos tan descomunales y en tan poco tiempo, recurre a algo que llamamos comúnmente intuición, lo que técnicamente se denomina randomización (aleatoriedad). Es decir, cuando hay demasiadas posibilidades de elección en juego, elegimos de manera aleatoria y subconsciente. Y así es lo correcto para acertar, porque resulta que, según la física cuántica, el azar es de un ámbito superior al cálculo y a la lógica por la que pretendemos actuar siempre. En situaciones de presión, la mente actúa como un oráculo, *adivina* (no calcula) la respuesta. La intuición, junto con la fe, son dos grandes potencias infravaloradas del ser humano.

La metáfora que subyace en Harry Potter, el niño aspirante a mago, es que si hace magia es porque *cree* en la magia, y por eso mismo la *crea*. Por lo mismo, si las aves vuelan sobre el abismo sin miedo ni cuestionárselo es porque creen que pueden hacerlo, en contra de toda lógica. Ya que ningún pájaro ha estudiado la teoría racional que sustenta un sólido en el aire. Los animales sintonizan mejor con la realidad y con la vida. Las personas hemos infravalorado el azar, las coincidencias, el significado posible de las casualidades; denostamos los indicios que nos ofrece nuestra mente subconsciente, por eso nos perdemos una parte muy importante de información que sería extraordinariamente valiosa como guía para comprender la vida y elegir siempre la mejor opción. Así seríamos más felices y acumularíamos muchos menos problemas y frustraciones. Nos gustaría conocer las reglas por las que se rige el juego que nos ha tocado vivir. Y, de hecho, dichas reglas existen. Son como un valioso tesoro que yace en el fondo del océano inmenso del Inconsciente Colectivo. Para obtenerlo, hemos de aprender a *bucear*.

TAROT: LA VÍA DE PERFECCIÓN

Cuando el carácter determina el destino

Carl Jung no estudió el Tarot con la finalidad que lo usan comúnmente los cartomantes, es decir, como un método de adivinación del porvenir. Para Jung, como psicólogo, pero también como estudioso de la física cuántica y el budismo, el provenir no puede vislumbrarse, ya que cuando en el presente se consulta un oráculo, el futuro aún es un factor de probabilidad, todavía no se ha materializado.

Sin embargo, el Tarot puede ser un sistema de colapso cuántico, es decir, si se usa según el método científico de Carl Jung, el Tarot puede contribuir a la realización de nuestro destino, pues se trata de un medio iniciático, un camino simbólico de perfección, que nos guía paso a paso hacia la realización personal. Jung descubrió que cuando necesitamos ayuda, cuando rezamos o de alguna manera invocamos fuerzas superiores a nosotros, llámese Dios o Tao, la respuesta que se nos envía se produce mediante símbolos y señales, que han de ser interpretadas. Para ello, el ser humano, necesitado de respuestas ante los problemas de supervivencia, creó los oráculos de la antigüedad, como el Tarot.

Actualmente, tanto las formas de interpretarlos como las mismas señales que ofrecen han variado, aunque algunos significados sean eternos. Tal como concluyó Jung al final de su interesante análisis sobre el milenario oráculo chino del *I Ching*, la ciencia derivada de su interpretación se denominaría con el paso del tiempo Informática, constituyendo la base o lenguaje mediante el cual se comunican los ordenadores. Del mismo modo, la ciencia derivada de la interpretación de los oráculos que trabajan con símbolos arquetípicos y míticos (tal es el caso del Tarot) se denomina Semiótica.

Si para entender el lenguaje de un ordenador hace falta saber Informática, para comprender el lenguaje de los símbolos y los mitos, contenidos en los 22 arcanos mayores del Tarot, es necesario conocer la Semiótica. Esto supone que para realizar una correcta interpretación de una tirada de naipes no basta con recurrir al manual adjunto y ver qué significa tal o cual carta, ya que, como he indicado, el significado de los símbolos ha variado con el paso de los siglos. Mejor dicho, lo que ha variado es nuestra percepción e interpretación de dichos símbolos.

Por ejemplo, hoy la mayoría de las personas ya no cree en la magia, y sin embargo el arcano de *El Mago* sigue siendo uno de los Arquetipos más importantes y necesarios para la evolución y el ascenso en el Camino del Héroe. *El Mago* trata simbólicamente de un ideograma mitológico del mago Merlín, el que ayuda al caballero elegido (el Héroe) para superar los inconvenientes en su búsqueda del Santo Grial. ¿Pero quién cree hoy día en el Grial y en el mago Merlín? Nadie, desde luego. Por eso, ¿cuál sería el modo correcto de *traducir* o interpretar esta carta en términos actuales? La Semiótica analiza el contexto del consultante a través de sus propias expresiones durante la tirada, y el consultor debe sacar una conclusión de lo que puede ser considerado *mágico* por esa persona en concreto, y también de cuál es el *Grial* que busca. Con todo ello, Carl Jung creó su particular sistema, que utiliza el Tarot no sólo como método de consulta, sino como sistema de orientación, e incluso de incitación subconsciente para emprender las acciones que movilizan nuevos recursos y hacen avanzar de un Arquetipo a otro superior.

Arquetipos y Emanaciones

Los 22 arcanos mayores del Tarot se dividen en Arquetipos o personificaciones y Emanaciones o cualidades e influencias que inciden y modifican a dichos Arquetipos. Hay doce Arquetipos, que corresponden a las figuras con entidad de personas, y el resto son cualidades positivas o negativas. Los Arquetipos no deben considerarse positivos o negativos, dicha dualidad no existe en el Juego de la Vida, ya que un Arquetipo o rol inferior en el juego no es *malo*, sino que sirve adecuadamente mientras la persona no es acuciada por fuerzas externas (las Emanaciones) o internas (las Cualidades) que le hacen desear otro.

Cuando alguien se encuentra molesto dentro de su propio papel o rol en la vida, comienza una etapa dolorosa que culmina en el salto a un Arquetipo superior, y así es como se va produciendo la evolución hacia la meta. Los incentivos, que cada uno estima positivos o negativos según los percibe a través de los filtros de su conciencia, llegan como resultado de agotar el Arquetipo presente. La pulsión de avance proviene siempre desde el Inconsciente Colectivo (influencias y factores externos y ajenos a la persona) o del Subconsciente (factores internos), que son llamados en psicología junguiana Sombra; es el *Daimon* o Demonio interior, uno de los factores principales para la evolución personal.

La tirada de Tarot utilizando el sistema de Carl Jung ofrece una completa visión de los factores pasados y subconscientes que todavía inciden sobre la persona y su presente, y que pautarán su futuro si no se modifican. El analista debe valorar los símbolos que le da el Oráculo al consultante mediante Sincronicidad, y aconsejarle lo que debe continuar igual y lo que debe cambiar. No se trata de *acertar* o *ver* el futuro, sino de modificar los factores negativos del subconsciente de manera consciente, y de forma que se pueda diseñar el futuro deseable. La consulta junguiana del Tarot se parece a un *coaching* o adiestramiento personal para alcanzar los objetivos deseados, pero realizando antes un análisis previo de todo lo que está influyendo sobre la persona en el momento de la consulta.

ARCANOS *DE CINE*

El Oráculo del Tarot así aplicado se transforma en un medio para influir sobre la conciencia y el pensamiento. Como en la vieja ciencia de la Alquimia, se trata de descubrir lo que nos perjudica y convertirlo en fuerza o impulso positivo para ir hacia donde deseamos. Los símbolos y los mitos contenidos en el Tarot son los roles o comportamientos eternos por los que se ha movido desde siempre la humanidad. Estudiándolos, podemos escoger el camino del logro y evitar el sufrimiento innecesario.

Joseph Campbell estudió a fondo varias mitologías y religiones del mundo, extrayendo lo mejor y el común denominador de todas ellas. A Campbell se debe la traducción de los antiguos Arquetipos a nuestro actual entendimiento; sus obras sobre el significado de los mitos antiguos se basan en el Camino del Héroe y la Iniciación, tal como expresó Carl Jung en su método de perfección personal.

Para Joseph Campbell, los arquetipos constituyen una especie de memoria biológica común a todos los seres humanos. Resalta la importancia de la figura del Héroe en todas las culturas humanas de todos los tiempos. Su hipótesis es que para que una persona se convierta en Héroe, el más perfecto de los Arquetipos, ha de pasar a través de ciclos iniciáticos muy similares en todas las culturas, que se resumen en estos estadios: separación, retiro, entendimiento, vuelta a la sociedad y transformación de sí mismo y del entorno.

Los 22 arcanos del Tarot son una guía para averiguar en cuál de dichos estadios está una persona y cómo puede dar el siguiente paso para conseguir cuanto antes aquello que desea. Los descubrimientos de Jung y las simbolistas obras de Campbell explican el significado de los grandes mitos del mundo contemporáneo, roles tan eternos y presentes que han trascendido al mundo del cine. De hecho, algunas de las producciones cinematográficas de mayor éxito se basan en las interpretaciones arquetípicas de Campbell, como varias películas de la factoría Disney o largometrajes como *La Guerra de las Galaxias*, basada en roles identificables con el Tarot, como así ocurre también en films tan aclamados como *El señor de los anillos*, *Superman*, *Batman* y muy especialmente *Matrix*.

INCONSCIENTE COLECTIVO

Las reglas ocultas del juego

Cuando en nuestra vida ocurre algo a lo que no le hallamos sentido, lo metemos en ese cajón de sastre donde todo cabe que se llama azar. De esta forma, minusvaloramos el caos que intuyó Edward Loren con su Efecto Mariposa, lo consideramos un fallo inexplicable en las leyes de la física, si bien se trata de todo lo contrario: una pista para conducirnos y alumbrarnos hacia el lugar donde caminamos a ciegas. Sin embargo, se ignora el hecho de que nosotros también formamos parte del caos universal, por lo tanto, el azar no debería sernos tan extraño.

El Arquetipo que asumimos en cada momento y situación de nuestra vida es la conexión entre *nosotros* y el azar. Por así decirlo, sólo podemos conectar con lo aleatorio a través de la máscara que significa el Arquetipo. Pero para ello necesitamos además la intermediación del Daimon, el otro Yo subconsciente, el único capaz de sincronizar con lo aleatorio (randomizar); y esto es así porque habita a mitad de camino entre los reinos del consciente y el inconsciente. El Daimon procesa los hechos sincrónicos y simbólicos que contienen dentro las respuestas que buscamos a nuestros problemas. Y el problema contiene la semilla de su propia resolución.

Influir en el azar

Pero incluso en el azar subyace un orden. El conocido físico David Bohm lo llamó Orden Implicado, y estaba seguro de que podemos contactar con él. El caos en el que nos hallamos sumergidos, llamado Dharma por el budismo, no es bueno ni malo, carece de moral, es neutro; por tanto, no existe inconveniente ninguno en que la persona lo utilice para mejorar su vida. La rueda del Dharma gira sin sentido aparente, por azar, como la ruleta del casino, aunque esconde dentro la llamada ley del Karma, la ecuación acción-consecuencia, eso que los occidentales llamamos determinismo.

Es posible influir en el azar introduciendo información en el sistema, igual que los informáticos hacen con el ordenador mediante programas. El *hardware* es potencia en estado caótico, pero el *software* la reorganiza para lograr un fin determinado. Así obra también la mecánica de la vida. El ordenador funciona con un sistema aleatorio muy parecido al del Universo, según la Teoría del Caos, todo es casual. Podemos beneficiarnos del ejemplo de la cibernética para hacernos entender cómo funciona nuestro cerebro y nuestra mente, y cómo podemos potenciar el rendimiento de ambos. El ordenador realiza su randomización transformando lo aleatorio en una acción determinada, como por ejemplo arrancar y ponerse en marcha.

El ordenador no tiene configurada una inteligencia, no tiene personalidad ni Arquetipo, ya que no dispone de Yo, de conciencia de sí mismo, pero sí posee un principio rudimentario de conciencia basado en el código binario; puede elegir entre dos opciones, ponerse en marcha o no hacerlo. Y no deja de ser curioso que, al percibir la energía eléctrica que mueve su corazón, elija ponerse en marcha. Los budistas piensan que esto es debido a que incluso los objetos poseen alma, aunque sea en un estado mínimo. En definitiva, la propia observación del ordenador hacia su rudimentaria posibilidad de elección entre sí o no, le proporciona el principio de conciencia para ponerse en marcha; podríamos decir que *elige* vivir.

En un orden mucho más sofisticado y superior, el cerebro humano también realiza esa misma acción con la realidad que le rodea. Existe en el cerebro una zona que polariza la aleatoriedad, un centro de decisiones binarias que reconvierte el azar en respuestas adecuadas, es decir, lógicas. Ahí radica el área con la que tomamos tantas decisiones al cabo del día. Pero no nos damos cuenta de que dichas decisiones son *randomizaciones*; se trata de la conversión aleatoria del caos en una de tantísimas posibilidades en las que se bifurca la vida.

Polarizar el éxito

Aunque el resultado varía mucho entre unos y otros, si existen personas que consiguen más éxito en la vida es precisamente porque usan mejor ese centro de randomización o polarización de sus pensamientos. Veamos qué podemos hacer para utilizar esa función de la mejor forma posible, pero de manera fácil y práctica, porque la mayoría de la gente no tiene ni idea de cibernética, ni siquiera de informática. No necesitamos saber cómo funciona un ordenador para sacar partido de él. Lo que cuenta no es la comprensión de la herramienta, sino el uso que se hace de ella.

El Orden Implicado o Inconsciente Colectivo no funciona mediante la lógica y la razón, esas herramientas del cerebro social superior que tanto nos gusta esgrimir pero que tan poco sirven para conectar con la magia de la existencia. Carl Jung, al final de su vida, se hallaba inmerso en el estudio y comprensión de esas leyes del Orden Implicado de la vida que los orientales llaman Tao, el poder invisible del azar. Jung comprendió que vivir en el Tao (estar en conexión consciente con el caos) garantiza una vida con sentido, acorde con nuestra verdadera naturaleza, con aquello que realmente somos en esencia y de manera personal, y no con lo que quisiéramos llegar a ser de acuerdo con la lógica y la razón, o las influencias nefastas que a veces genera la sociedad. Nuestro éxito y nuestra felicidad dependen de convertirnos en aquello que hemos de llegar a ser.

Disfrutar el juego

La vida, como todo juego, es un proceso iniciático. Cada uno tiene su cometido particular, y el primer paso es descubrirlo, pero sabiendo que dicho cometido no es alcanzar una meta concreta que nos han diseñado o nos hemos diseñado de acuerdo a lo que se supone que sería una vida idealizada; la verdadera finalidad de la vida es vivirla, disfrutar el proceso, recorrer el camino de manera armónica, superar las limitaciones y alcanzar nuestros sueños más grandes, y no los ideales que esta sociedad cargada de estímulos y necesidades nos propone como paraísos artificiales.

Todo juego es un reflejo de la vida; el rol de cada jugador se manifiesta incluso en un juego tan aparentemente simple como el de la oca. Normalmente, el que primero llega a la meta, gana; parece una cuestión de azar, no de rol. Da igual quién o cómo sea cada cual, el resultado depende del dado que se arroja para hacer avanzar la ficha. Sin embargo, recordemos que el rol está relacionado con el azar. El resultado de la oca depende del caos, representado por la tirada de dados que nosotros mismos efectuamos. Es el azar quien incide sobre el rol. Bien mirado, es el Destino quien tira de nosotros.

La metáfora que subyace a ello es que en última instancia, ganar es una cuestión de tiempo, de rol y de azar. El azar no depende sólo de los dados, porque los dados los lanzamos nosotros, así que puede decirse que el azar está en nuestras manos, sólo que no lo controlamos conscientemente. No vemos nuestro Destino porque formamos parte de él. Nosotros influimos sobre los dados y los dados sobre nosotros.

¿Pero qué pasa cuando un jugador parece tener mala suerte y sus tiradas de dados siempre son bajas con respecto a los otros jugadores? Pues que acaso no tiene asumido el rol apropiado para ese momento del juego. Cuando no sincronizamos con el Inconsciente Colectivo u Orden Implicado, la suerte no nos acompaña, el azar no está de nuestro lado. Si el Arquetipo no es el apropiado, no interactuamos adecuadamente con el caos primordial del universo. La suerte, en los juegos y en la vida, no depende sólo del resultado de los dados, sino de la interpretación que hacemos del resultado, y dicha interpretación se produce según el Arquetipo que tenemos asumido en ese momento.

La parábola de los talentos

Pensemos en la parábola bíblica de los talentos. A cada uno de nosotros se nos ha dado una cantidad, más grande o más pequeña, con la que hemos de vivir nuestra vida y al final obtener el más alto rédito posible. Sin embargo, unos dilapidan lo que se les ha dado, otros lo guardan sin usarlo ni hacerlo rendir. Pero algunos, aunque de entrada se les haya dado poco, lo multiplican muy por encima de lo que cabría esperar, superando todas las limitaciones originales y las dificultades iniciales, convirtiéndose en tipos ejemplares dignos de admiración. Como dijo Alejandro Magno, «he fracasado muchas veces, pero mis fracasos se alzarán por encima del éxito de mis enemigos». Hemos de obrar así, no por ambición, sino por sintonizar con la vida y darle sentido a nuestra existencia. No hay nada más triste que una vida sin sentido, incluso aunque tengamos éxito.

El éxito de la vida estriba en vivirla de acuerdo a nuestra verdadera naturaleza, no de acuerdo a la naturaleza de otros o los presuntos ideales que impone la sociedad. La felicidad depende de utilizar al máximo los talentos que se nos han dado, no dejarlos pudrirse sin resultados y seguidamente protestar porque se nos ha dado menos que al vecino. Hemos de hacer las cosas por el placer de hacerlas, no por acumular más o por sobrevivir. No hay que resignarse nunca ni tampoco conformarse con lo que ya se tiene. Es un equilibrio difícil que depende de nuestra actitud ante la vida, por eso es tan importante el Arquetipo que asumimos.

Pero algunas doctrinas religiosas priman la resignación. Esa actitud es inmoral. Quien se resigna, está vendido de antemano, ha renunciado a utilizar sus talentos porque supone que son insuficientes. Y no utilizar los talentos, tal como indica la parábola, es una grave falta contra el despliegue generativo del Universo, cuya ley es la expansión y el crecimiento continuos. Sin embargo, los que trabajan sólo por los resultados económicos de sus acciones y el éxito a ultranza, sin darle a su esfuerzo una finalidad superior, sólo obtendrán una parte mínima de satisfacción, nunca estarán motivados, incluso a pesar de tenerlo todo resuelto en apariencia.

El dinero y la felicidad

El dinero no es la felicidad, pero contribuye mucho a lograrla, porque vivimos en un mundo material y eso es ineludible. Pero quien trabaja por dinero no se da cuenta de que trabaja sólo para sobrevivir, y al final, eso es lo único que logra. El dinero no es una meta, sino una herramienta. Trabajar únicamente por el dinero es un error, porque el dinero no es nada, sólo es un símbolo arquetípico de nuestra energía psíquica, que es lo realmente valioso. El dinero llega como resultado del uso y manejo que hacemos con esa energía, de cómo incidimos con nuestra mente en el Orden Implicado. Si hacemos las cosas por el mero sueldo que nos permite seguir manteniéndonos vivos en medio del caos, el resultado será mediocre, no reportará felicidad, porque en nuestro subconsciente sustituimos el símbolo incomprensible del dinero por la energía psíquica que nos impulsa y conecta con el Inconsciente Colectivo, que es quien nos lo da todo.

Todas las cosas de la vida deben hacerse por el mero afán de hacerlas, por pasión, por placer. La vida es un juego, y, como en todo juego, la finalidad principal no es obtener la copa o la medalla simbólica del triunfo, sino que la motivación principal es jugar y ganar, por el mero hecho de seguir las reglas a pesar de las dificultades y llegar al resultado final. Por eso el éxito en el Juego de la Vida no debe ser representado únicamente con el símbolo del dinero, la meta no es ésa, sino superar las trabas y ganar finalmente, ser felices. Incluso la competencia de los demás jugadores debe estimarse como simbólica; sin ellos no habría juego. No son enemigos, sino roles con los que interactuamos. Como en el juego, el verdadero placer de la vida es la superación personal. Todo verdadero jugador lo hace por ganar, no por acumular dinero o medallas.

Sin embargo, mucha gente reniega del trabajo, como una carga; a casi nadie le gusta trabajar, ya que es algo que normalmente (salvo los artistas) todos hacen por dinero, o sea, por necesidad. ¿Y a quién le gusta vivir esta vida sólo por necesidad? Es algo así como jugar por obligación. En cambio, los que hacen de su ocio un negocio son los más felices. He ahí el verdadero camino para ganar siempre en el Juego de la Vida.

Algunos protestarán por los talentos que se les han dado en principio. Pero no debemos protestar porque se nos ha dado poco, no debemos mirar a los demás y compararnos con sus talentos, pues siempre habrá quien tiene más o tiene menos; el resultado no depende de la cantidad, sino del empeño y de vivir acorde con nuestro destino. Es muy triste pasarse la vida resignado o protestando porque no tenemos lo que quisiéramos tener, lo que suponemos merecer... Y es verdad, pero es bueno tener presente una frase de George Bernard Shaw: «La verdadera alegría de la vida es ser usado por un propósito importante, ser una fuerza de la naturaleza en vez de un zoquete egoísta y febril, cargado de agravios y penas, que se queja constantemente de que el mundo no se dedica a hacerlo feliz».

GENERADOR CUÁNTICO

Así funciona nuestro Módem personal

¿Qué tienen en común el *I Ching*, el Tarot, y el Ajedrez? Parecen juegos, pero al mismo tiempo son también oráculos. Muchos juegos, como también el de la Oca, son en realidad métodos de adivinación. Porque desde la más remota antigüedad, tratar de atrapar el azar e interpretarlo ha sido considerado como un juego: el Juego de la Vida. No obstante, para la mentalidad cartesiana de hoy, eso de controlar y predecir los cambios que hipotéticamente sucederán en un terreno tan resbaladizo como el futuro parece un empeño de mentes atrasadas y supersticiosas. Y sin embargo, justamente a eso se dedica por ejemplo el cálculo de probabilidades, aplicado por medio de potentes ordenadores, cuyo modo de funcionamiento tiene su origen en el código binario extraído del *I Ching*, el más complejo de los oráculos, según los descubrimientos de Leibniz.[15]

Un lenguaje universal

En efecto, la idea del código binario la obtuvo Leibniz del *I Ching*, inspirado en el viejo ideal de una *mathesis universalis*, es decir, un lenguaje universal capaz de representar la realidad mejor que los lenguajes convencionales, según las antiguas aportaciones de los cabalistas medievales, en concreto del mallorquín Ramón Llull. El cometido era derribar las barreras idiomáticas, aparecidas en la Tierra tras lo acontecido en el relato

15. Gottfried Wilhelm Leibniz (1646-1716), filósofo y matemático alemán.

bíblico de la Torre de Babel. Así, la idea era crear una lengua matemática, por medio de la cual, escribir (o hablar) equivaldría a calcular, y pensar (o imaginar) equivaldría a operar matemáticamente.

Este intento es por lo menos tan antiguo como el mismo mito de la Torre de Babel, construida en Babilonia (actual Bagdad) con el esfuerzo de los hebreos esclavizados de Jerusalén por el rey Nabucodonosor. Por eso la Cábala judía intentaba descifrar la raíz secreta, la esencia numérica que subyace en todas las cosas, con el fin de encontrar el *Shem Shemaphorash*, la palabra-número con la que Dios creó el Universo.

Pues bien, un empeño parecido lo tienen los modernos expertos de la física cuántica, estudiando el comportamiento aleatorio de las partículas subatómicas. Y esta singular coincidencia se completa con el hecho de que Carl Jung estableciese la existencia de 64 Arquetipos, roles o modos de comportamiento básico ante la vida. Porque 64 es precisamente el número de cartas de que se compone la baraja del Tarot, la cantidad de escaques (casillas) del tablero de ajedrez y también el número de hexagramas que constituyen el *I Ching*. No obstante, para una mejor comprensión y síntesis, Jung redujo los 64 arquetipos a los 22 arcanos mayores del Tarot. Y 22 son también las letras del alfabeto hebreo, con las que, según el Talmud, Yahvé lo creó todo.

Aleatoriedad: cómo reordenar el azar

Pero en contra de lo que pensamos, los oráculos de la antigüedad no servían para predecir el futuro, sino para conocer el Arquetipo del consultante y enseñarle a obrar de modo más acertado al destino que deseaba. El oráculo era así un método para reordenar el azar en beneficio de la persona. Los científicos modernos utilizan para explicar este curioso efecto la palabra *aleatoriedad*.[16] De esta forma, con el paso del tiempo y la transformación de la magia en ciencia, la informática se convirtió en una nueva Cábala, y la física cuántica en el modo de comprender cómo se comporta el Orden Implicado que opera en el caos, es decir, una forma técnica de comprender el azar.

Porque resulta que disponemos de semejante cualidad natural: comprender el azar. Para ello, nuestro cerebro tiene una zona especial que procesa la aleatoriedad y nos relaciona a distintos niveles de profundidad

16. Aleatoriedad: del latín *Alea*, un juego de dados que se usaba en la antigua Roma.

con todo lo demás; es algo así como un Módem cuántico. La mente funciona como un ordenador, por el código binario basado en unos y ceros; de hecho, este lenguaje digital fue adoptado por las máquinas porque es mucho más sencillo que el sistema numérico decimal. Los científicos han comprendido que nuestra mente ahorra tiempo y energía usando ese método de decisión, dividiéndolo todo en dos opciones entre el sí y el no. Sin embargo, esta misma lógica binaria que nos simplifica la manera de pensar, al no ser máquinas, nos encadena en el mismo determinismo que encadena la *mente* de un ordenador.

Romper las reglas deterministas

Nuestra mentalidad causal proviene precisamente de ese modo de pensamiento binario, eficaz pero inadecuado para intervenir en el azar, o sea, para reordenar lo aleatorio (eso que llamamos suerte) en nuestro beneficio. Dicho de otro modo, para ir más allá del pensamiento disyuntivo (esquizotomizado) del código binario y unirlo con el centro procesador de aleatoriedad que radica en nuestro cerebro, necesitamos aprender a pensar de modo sincrónico, en palabras de Carl Jung. El pensamiento causal es lógico, binario y racional, pero también es determinista, de ahí su capacidad de predicción a través de los oráculos.

Sin embargo, esa capacidad es tan limitada como la de los ordenadores, que, precisamente por ello, no poseen libre albedrío; no pueden pensar por sí mismos hasta el punto determinante de convertirse en dueños de su propio destino, como podemos hacer nosotros, rompiendo las reglas y asumiendo un Arquetipo superior que nos permita maniobrar en sintonía con el azar y el caos de la vida.

Por el contrario, el pensamiento sincrónico es aleatorio, acierta por intuición, holísticamente, sin que medie la lógica, sin esfuerzo, sintonizado con el Orden Implicado o Inconsciente Colectivo. Por eso no predice, sino que se convierte en el propio vaticinio, eso que los psicólogos llaman Profecía Autocumplida. El ser humano es libre porque posee ambas cualidades en su cerebro, la de ser libre y la de no serlo; el libre albedrío es también la libertad de no usar el libre albedrío. Por eso multitud de personas se pliegan al determinismo y se convierten en *ordenadores*, dicho de modo alegórico, en máquinas que operan con el potente pero determinista código binario. Estas personas están, según Jung, *esquizotomizadas*, polarizadas.

Tú eres el Oráculo

Es necesario darse cuenta de algo que Leibniz no supo ver, pero que Carl Jung sí comprendió cuando estudió el *I Ching* u oráculo chino de las mutaciones. El sistema de hexagramas basado en lo binario (en el *Yin* y el *Yang*) es sólo el soporte. El oráculo por sí mismo no tienen poder, lo que moviliza el *quantum* es la actitud personal (el Arquetipo), influenciado por el oráculo. En otras palabras: nosotros somos nuestro propio oráculo. Tenemos dos mentes operando de manera binaria y polar: la mente consciente, de la que emana el pensamiento causal, y la mente subconsciente, que opera de manera sincrónica, unida al Orden Implicado que subyace en el universo cuántico, al Inconsciente Colectivo de Jung o a la rueda del Dharma de los orientales.

Por eso no debemos ser duales, sino ambivalentes. La integración de los opuestos, la combinación adecuada de ambas mentes, nos conduce por el sendero más adecuado a nuestra vida particular. Los occidentales somos dualistas, mantenemos divididas las dos mentes, incluso menospreciamos la subconsciente y todas sus posibilidades, por eso nuestra vida es más determinista que otra cosa, nos movemos a golpes de lógica, somos cada vez más predecibles y, por tanto, carecemos de libertad y de la posibilidad de gobernar nuestro destino y conducirlo hacia donde deseamos.

Somos libres, pero no es extraño que nos dé la sensación de que todo ejerce un control opresor sobre nosotros, porque de hecho así es; nos arrinconamos voluntariamente a un nivel inferior de capacidad de maniobra al conformarnos con los dictados que nos pauta el pensamiento causal, operamos desde Arquetipos equivocados, restando poder para incidir y reorganizar las inmensas posibilidades del azar en nuestro beneficio. Obrando así, la suerte queda excluida de nuestras vidas casi al cien por cien. Somos buenos calculadores pero malos operadores sincrónicos, perdemos la intuición e ignoramos la magia de la vida.

Carl Jung comprendió que el oráculo chino de las mutaciones era un sistema sincrónico, porque en él interviene el pensamiento consciente del usuario (causalidad) y la casualidad, por medio de lanzar una moneda al aire para que el azar entre también en el juego. Lanzar una moneda al aire es como lanzar los dados en el juego de la Oca. Si ignoramos el azar no podemos avanzar en el Juego de la Vida, puesto que el caos es el principio vital del Universo. Nuestro cerebro está preparado para jugar de dicha forma: con reglas físicas pero con azar. Y ambas cosas, bien manejadas, nos conducen a una vida más plena. La idea que pretendo trasladarte es que podemos convertirnos en nuestro propio oráculo, construir nuestro futuro en el presente.

Modificar la realidad

¿Pero eso es posible dentro del mundo de leyes físicas que nos han explicado hasta hoy? Los oráculos antiguos dicen que sí, y Jung opinó que también. La relación entre dos acontecimientos casuales y distintos no existe, como no existe el futuro escrito en ningún lado. Es el hecho de ver (observar) dicha relación lo que modifica la realidad en ese mismo instante; al hacerlo cambia el comportamiento de las partículas subatómicas que subyacen en el *quantum* físico y en ese momento se forma una nueva realidad. Es un hecho real y mensurable. Recuerda lo que descubrió Wolfgang Pauli cuando se asomó a ese microuniverso: el giro (*Spin*) de las subpartículas atómicas cambia con la mera observación, es decir, con el pensamiento consciente.

La Sincronicidad es subconsciente, es como la realidad virtual: es intangible pero *real*. Y para Jung todo era sincrónico: muchas cosas suceden al mismo tiempo, y nuestra mente subconsciente está capacitada para relacionarlas y encontrarles sentido y significado. Es el sentido que le damos a la vida lo que nos hace comportarnos de un modo u otro; de hecho, la vida no significa lo mismo para todos, cada uno estima el éxito de una forma distinta. Como dijo Jung, «el zapato que va bien a una persona es estrecho para otra: no hay receta de la vida que vaya bien para todos».

¿Pero qué es de verdad el éxito? ¿Qué significa ganar en el Juego de la Vida? Existen muchos libros y muchas teorías que ofrecen un patrón más o menos estandarizado del éxito, como si hubiese una fórmula general. Y de hecho la hay: entrenarse en captar las sincronicidades, ampliar las posibilidades de que ocurra lo que deseamos, enfocar de la manera adecuada el pensamiento (imaginar que sucede con la debida intensidad), establecer un nuevo camino cuántico o psico-físico; crear un puente entre el pensamiento consciente, el azar y la energía. Pero el rendimiento de ese patrón de pensamiento depende del Arquetipo que tenemos asumido en cada situación. Por eso necesitamos saber manejar los roles y los oráculos.

LIBRE ALBEDRÍO

Escribiendo nuestro propio futuro

La vida es un gigantesco juego en el cual evolucionamos hacia el resultado final siguiendo unas pautas establecidas de antemano. Para las religiones monoteístas fue Dios quien estableció dichas pautas, aunque la tradición oriental, mucho más sutil, lo denomina Tao,[17] mientras que los científicos laicos opinan que todo es producto de la evolución, de la naturaleza y de las leyes físicas. Sea como sea, seguir las pautas no garantiza el éxito en el juego, ya que la única ley permanente y verdaderamente determinante es el azar, eso que llamamos suerte.

La suerte nos fascina porque no sabemos muy bien qué la origina, pero al mismo tiempo nos negamos a admitir que vivamos en un mundo regido por el caos y el azar. Dudamos entre si somos seres determinados y nuestro futuro está escrito en alguna parte, o poseemos libre albedrío para edificar nuestra vida y nuestro futuro. Hasta este momento, la ciencia no nos ofrece una prueba tangible de que seamos libres, y, así las cosas, las religiones toman la iniciativa mediatizando nuestro comportamiento mediante un *orden*, llámense reglas o normas morales. Si tuviésemos la prueba de que podemos trascender el presente y modificar el porvenir, nuestra vida cambiaría radicalmente, saldríamos del inmovilismo y la resignación que nos atenazan, y los cultos se irían a pique; no serían necesarios.

17. Tao: la palabra china *Tao* parte del significado genérico Vía o Dirección, pero su significado se extiende a Verdad, en el sentido de Ley u orden que lo engloba todo. En este sentido, el Tao es similar al término de la física cuántica Orden Implicado.

Por eso desde hace siglos unos pocos buscan dicha prueba en otro lugar más allá de la ciencia reglamentada y de las religiones establecidas. Los gnósticos, los herméticos, los cabalistas y los alquimistas, tachados de herejes tanto por la ciencia como por la Iglesia, perseguidos y denostados por pretender cambiar las reglas. Carl Jung, vivo ejemplo de gnóstico y alquimista moderno, dedujo que entre el orden y el azar se establece una conexión sutil pero real denominada Sincronicidad, por medio de la cual se puede conocer el futuro, o, mejor dicho, intervenir en el presente de la persona para realizar un vaticinio bastante aproximado de cómo será su futuro si continúa con la misma pauta de comportamiento. Es decir, podemos reescribir nuestro futuro.

Las reglas del juego

Nuestra mente consciente se acomoda muy bien a las reglas y las leyes establecidas por la física y la religión, pero al cabo de un tiempo descubrimos que seguir las reglas al pie de la letra, hacer lo que se supone que se debe hacer, actuar con lógica científica o con las premisas morales religiosas o filosóficas, siempre razonándolo todo como Descartes, no nos conduce a cumplir nuestros sueños; y entonces nos sentimos frustrados y la felicidad no parece posible, al menos en esta vida. ¿Tenemos que esperar a ir al paraíso, como dicen los distintos cultos religiosos? ¿Estamos condenados a una vida de sufrimiento? ¿Acaso la felicidad no es más que un espejismo? Es cierto que algunas reglas de la física, de la moral y de la ética son inamovibles. Las reglas físicas que determinan este mundo material existen y tienen una incidencia real sobre nosotros. ¿Pero estamos sometidos por completo a ese nivel físico del Universo? Si fuese así, careceríamos de libre albedrío. ¿Quién miente entonces: la ciencia o la religión?

Vayamos por partes: que haya reglas físicas no quiere decir que estemos determinados de antemano; las reglas, por sí mismas, no nos convierten en seres determinados sin posibilidad de maniobra. El libre albedrío es posible, aunque el racionalismo lo niegue. Fue Karl Marx quien dijo que el libre albedrío es una injusticia. Como vemos, el racionalismo y la religión siempre terminan por enfrentarse, pero nosotros no tenemos por qué dejarnos influir. Existe otra posibilidad: gracias a la movilidad de enfoque que nos proporciona modificar el Arquetipo asumido podemos acomodarnos al Juego de la Vida y obtener mejores resultados, mediante las pistas que nos proporciona la Sincronicidad. Las reglas de los juegos han sido establecidas por las personas, de modo que se pueden cambiar si lo deseamos, comportándonos de manera distinta.

Si sincronizamos con el Inconsciente Colectivo, la fuente universal que suma todas las experiencias humanas y físicas del Universo, según estableció Carl Jung, podemos obtener unas ventajas inmensas con las que romper las cadenas del determinismo al que nosotros mismos nos atamos. Podemos incidir en el sistema controlando lo presuntamente incontrolable: el caos, el azar. Metafóricamente, podríamos decir que podemos influir en el juego del albedrío lanzando los dados trucados, la moneda de dos caras iguales, de modo que siempre ofrezcan la respuesta que deseamos. Podemos hacer trampa y ganar siempre, diga lo que diga la ciencia, la razón y la religión. Tal es la esencia de la Sincronicidad; quien se atiene a ella nunca pierde.

Realidad virtual

Los orientales creen que no existen los hechos aislados en el tiempo, sino que todo ocurre a la vez y está interconectado por algún tipo de vínculo invisible pero real. Nosotros no lo vemos, pues nuestro cerebro ha perdido el instinto que tuvo hace miles de años para vivir en mayor sintonía con la naturaleza; nuestra moderna mentalidad racional está preparada para ser lineal e ir de A a C pasando por B. Pero ésa es una forma de pensamiento causal y lógica con la que nos perdemos la magia que subyace en lo más profundo de nuestra existencia. Los hechos sincrónicos lo son porque los dotamos de significado; en esta vida reglamentada, lo que no tiene sentido lo desechamos automáticamente. Y eso es un error, pues en lugar de descartar lo que no encaja según las normas o las leyes, debiéramos encontrarle sentido.

¿Cómo lograr tal cosa en el plano real? Lo primero es no dejarnos llevar por eso que falsamente llamamos *realidad*, por lo tangible y sus leyes físicas inmutables. Si lo hacemos, todo nos parece inalterable y al final terminamos por agachar la cabeza y resignarnos ante la inmensa y monolítica mecánica de la vida que nos arrastra por donde quiere, apartándonos de nuestros mayores sueños, y de paso tachándolos de imposibles. La clave para interpretar y dar sentido y significado a los hechos sincrónicos que nos guían sutilmente radica en la capacidad del cerebro para entablar relación con lo aleatorio, precisamente con aquello que no tiene una explicación causal, como las casualidades. Lo cierto es que son tan abundantes que a veces ni les prestamos atención, considerándolas caprichos de la existencia, fallos del sistema que no sirven para nada.

En realidad, conectamos con lo inconsciente sin darnos cuenta, pues dicha sintonía se realiza de manera subconsciente, nuestro cerebro entabla relaciones continuas mediante lo que pensamos (deseos, sueños, aspiraciones, imaginaciones...) con eso que llamamos realidad, la parte visible y consciente de la existencia. Pero eso no quiere decir que la otra parte no exista. Al dejar pasar de largo los hechos sincrónicos, que son como la bisagra entre lo material y lo no materializado todavía, perdemos la oportunidad de obrar de manera más eficaz y conforme a nuestra naturaleza más íntima.

Las pistas de la casualidad

Nos boicoteamos a nosotros mismos, distorsionamos los mensajes y las pistas con nuestro cerebro más racional, porque el pensamiento causal, que es el que casi siempre llevamos conectado, nos conduce inevitablemente por la senda del determinismo. Ante un hecho aleatorio pensamos: «Vaya, qué casualidad», y lo dejamos pasar sin más, porque nos parece que un efecto sin causa no puede ser *real*. El error es nuestro, ya que no hemos sabido detectar la causa y su vínculo con la realidad.

Estamos rodeados de efectos que o nos pasan desapercibidos o no vemos, no utilizamos la conexión que se nos ofrece de manera natural para reordenar el azar en nuestro beneficio; nuestra *lógica* nos dice que eso no es posible, que las reglas del juego no pueden cambiarse. Pero nos equivocamos; quizá no podamos cambiar algunas reglas, pero podemos establecer otras que nos convengan y superen las limitaciones que nos mantienen encadenados.

Lo primero que debemos entender es que hay muchos aspectos de la vida en los cuales la lógica y lo racional no sirven de mucho. Si los dejamos en suspenso, podemos usar toda la potencia del caos que está a nuestra disposición para reordenarse de la manera que más nos beneficie. El caos primordial es como la rueda del Dharma de los budistas, queda fuera de los credos de la religión, obra de manera neutral, no premia ni castiga, no obedece a ninguna lógica ni a merecimientos o razones. Simplemente, el azar puede ser usado libremente por aquellos que se conectan a él. El Universo es generativo, su única ley es el crecimiento y la expansión.

LA VIDA: UN JUEGO DE ROL VIRTUAL

ENTRENAMIENTO PARA LA VICTORIA

Ya hemos visto que, si limitamos el libre albedrío de que disponemos por naturaleza, es porque el azar nos asusta tanto que preferimos negarlo y acogernos a reglas, a leyes, a credos y a estructuras sólidas, aunque sean ellas las que coarten nuestra capacidad de reacción. Pero el azar, el caos primordial, la entropía, dicho en términos científicos, también tiene sus propias leyes, su propio Orden Implicado, como lo definió el célebre físico David Bohm. Lo que llamamos *realidad* (nuestro ahora) no es más que una de las probabilidades presentes en la complejidad que compone todo el Universo. Lo cierto es que la realidad no es otra cosa que realidad virtual.

Entonces, ¿cómo podemos navegar, orientarnos y sacar partido de algo tan indefinido? La respuesta es la siguiente: en el momento en que una nueva posibilidad entra dentro de nuestra conciencia, comienza a materializarse una nueva realidad, un nuevo presente; esto es lo que dice la Teoría de los Mundos Múltiples.[18] Parece un título de ciencia ficción, y sin embargo, es ciencia real. La complejidad caótica que subyace a nivel molecular hace que sea posible algo que no comprendemos muy bien: la existencia de realidades paralelas en estado latente y todavía no materializado. Son realidades intangibles en estado de *incertidumbre.*

18. La Teoría de los Mundos Múltiples se denomina científicamente *Many-Worlds Interpretation.*

Esas realidades alternativas explican la existencia de los hechos sincrónicos que observó Carl Jung. Al elegir en cada momento del presente, al poner la conciencia en algo, descartando otras parcelas de realidad, hacemos tangible uno de los múltiples *mundos* posibles. Por eso ni los oráculos más antiguos ni los ordenadores más avanzados pueden vaticinar el futuro, ya que éste lo construimos a cada paso con nuestra conciencia y libre albedrío. Ya hemos dicho que nosotros somos nuestro propio oráculo, nuestro propio ordenador. Tal como ya indicó Jung, somos nosotros mismos quienes creamos nuestro futuro con las elecciones que hacemos en el estado presente. Y en el momento en el que nuestra conciencia se posa en una nueva idea, surge la chispa que desencadena nuevos acontecimientos para convertirla en realidad.

Saber elegir

¿Pero qué es lo que hace materializarse a una de las posibilidades y descarta las otras? La respuesta es la elección. Como ya hemos visto antes, al no utilizar el instinto, nuestra mente lógica, ante la inmensidad de posibilidades que nos ofrece el caos primordial, actúa de manera binaria, dividiendo la realidad percibida en dos: sí/no, igual que un ordenador. Nuestro futuro depende de esas pequeñas pero continuas elecciones realizadas sobre la marcha. Si el cúmulo de elecciones es erróneo, nuestra vida se resiente y no cosechamos los éxitos propuestos.

¿Existe una lógica o, por así decirlo, una doctrina acertada sobre la elección? No, aunque las religiones lo pretenden así para pautar normas morales de comportamiento y reglamentar a su acomodo el libre albedrío humano. La mayor parte de las veces la elección se produce por simple automatismo y a nivel semiinconsciente. La única manera de acertar siempre es randomizando, dejándose llevar por el centro de aleatoriedad (el Módem interior) de nuestro cerebro; por instinto.

Actuar, como dijo Jung, guiados por los mensajes y pistas que capta e interpreta nuestro pensamiento sincrónico en relación constante con el Inconsciente Colectivo. Por ejemplo, un ordenador muy potente puede ganarle a una mente humana en una partida de ajedrez,[19] como ya se ha

19. El ordenador *Deep Blue* de IBM se enfrentó en 1996 a Gary Kasparov, campeón del mundo de ajedrez. El ordenador ganó la primera partida, Kasparov la segunda,

dado el caso, pero no puede ayudarnos a elegir la correcta opción para ser felices; ningún ordenador puede ayudarnos a realizar la elección que nos conducirá a convertir en realidad la vida que deseamos.

La fórmula de la felicidad

Ningún ordenador contiene la fórmula de la felicidad, por lo mismo que ningún oráculo puede predecir el futuro. Esto es así porque no somos seres determinados, las posibilidades de elección latentes para cada uno en el Juego de la Vida son inmensas, imposible de calcular, de modo que la mejor forma de predecir el futuro es crearlo. Podemos polarizar la realidad que más nos conviene si sabemos cómo actúa el pensamiento sincrónico que elige de manera subconsciente (por intuición o randomización) las opciones que nos conducen a materializar nuestros sueños.

Los expertos en cibernética afirman que nuestro cerebro se parece al sistema operativo de los ordenadores, que funcionan gracias al código binario. Como ya hemos visto, el computador oscila entre dos posibilidades, dos únicas opciones opuestas: *on/off*, 0/1, positiva o negativa. Esto, trasladado a la persona, supone que su estado actual, bueno o malo, depende de la suma de todas las operaciones realizadas, teniendo en cuenta que dicha suma es también una resta, ya que las operaciones de distinto signo se anulan. En otras palabras: el *futuro* o destino de una persona es la suma (y la resta) de todas las elecciones que ha hecho hasta este momento, sean de manera consciente o inconsciente.

Así que somos nosotros mismos los que escribimos nuestro futuro. Somos personajes (Arquetipos) que vivimos en un mundo mágico (virtual) donde todas las probabilidades están contempladas en forma de probabilidad. Es como si habitásemos un juego de rol donde de manera casual (aleatoria) nos tropezamos con una sola de esas probabilidades y se convierte en nuestra realidad.

---

empató la tercera y ganó la cuarta. *Deep Blue* procesaba 100 millones de posiciones por segundo. Al año siguiente, *Deep Blue*, que procesaba ya 200 millones de posiciones, venció a Kasparov.

Materializar el deseo

No hay una sola realidad, sino muchas, como explica la Teoría de los Mundos Múltiples. Lo que sucede es que nos convencemos de que la única realidad posible es la presente, sólo por el hecho de que la hemos materializado de manera inconsciente. Nuestro Yo es engañoso, su misión es anclarnos al presente, y es bueno que así sea, ésa es su misión. Lo malo es cuando nuestro Yo nos impide también materializar otras probabilidades posibles, y es entonces cuando, a pesar de tener libre albedrío, nos convertimos en seres deterministas.

Materializamos lo que habita en nuestra conciencia, creamos lo que creemos, y ello depende del Arquetipo que hemos asumido para desenvolvernos en el Juego. La culpa de que a veces nos vaya mal y no veamos otro camino en la vida no es de los dioses ni de los demonios, nosotros somos responsables de lo que elegimos, y si lo hacemos sin conciencia hemos de atenernos a los resultados. Cuando no experimentamos la vida que quisiéramos es porque, aunque todos podemos materializar inmensas posibilidades, quizá no hemos dado con la probabilidad más adecuada.

Pensar de otra manera

Nos lo impide pensar de manera inconsciente, no poner la debida conciencia en el pensamiento, o hacerlo adoptando un Arquetipo inadecuado para la meta que deseamos alcanzar. «Hemos de aprender un modo radicalmente distinto de pensar»; son palabras de Albert Einstein. Hemos de aprender a pensar sincrónicamente, ya que así es como funciona el Universo. El pensamiento sincrónico nos posibilita la elección más holística y congruente, porque somos guiados por el automatismo subconsciente de nuestro procesador mental de aleatoriedad, que no puede equivocarse. No podemos fallar, se trata de un hecho físico, materializamos la realidad que más nos conviene según nuestros deseos; entonces se abre ante nosotros la nueva puerta de los mundos paralelos, latentes en estado de probabilidad inmaterial.

Carl Jung investigó que los hechos sincrónicos son bisagras que ponen en contacto el caos de probabilidades (al que llamó Inconsciente Colectivo) con la mente de la persona, de manera que podamos influir conscientemente en lo inconsciente. Pero es un proceso que requiere práctica y adiestramiento, para el que no es necesaria ninguna técnica, sino más bien un hábito de pensamiento que debemos implantar. Dicho pensamiento es como la respiración; se trata de un automatismo que realizamos de manera inconsciente, incluso cuando dormimos. Sin embargo, también puede realizarse de manera consciente.

Conectar con el inconsciente

El presunto antagonismo entre lo consciente y lo inconsciente induce a muchos a la confusión, pensando que un cambio mental tan grande sólo puede realizarse mediante hipnosis o técnicas externas similares, pero no necesariamente es así. Carl Jung investigó el Taoísmo hasta comprender que dicho antagonismo entre lo consciente y lo inconsciente no existía en la antigua filosofía oriental. Antes de la globalización cultural del mundo, los orientales estaban más acostumbrados a realizar la fusión entre los opuestos, contenida en la filosofía del Tao.

Según creyó Jung, podemos incidir en el Inconsciente Colectivo por medio de la conexión constante con nuestra mente subconsciente. La interpretación de los sueños y la consulta de los oráculos son sistemas para comprender dichos hechos sincrónicos, pero no para generar el pensamiento que los materializa. Lo difícil radica en realizar la conexión con el subconsciente mediante un acto de voluntad consciente, no durante el sueño, sino en plena vigilia y sin ningún tipo de ayuda exterior. Estoy hablando de la Imaginación Activa, la psicotécnica menos conocida y más poderosa creada por Jung.

Pero disponer de un poder semejante no se produce sin pasar antes por una fase de preparación vital; me refiero al proceso de Individuación que desarrolló Jung. Entrar en relación consciente y voluntaria con el Inconsciente Colectivo, con el Orden Implicado, exige un esfuerzo y un entrenamiento. Como ocurre en las artes marciales, hemos de perfeccionar nuestro Yo para que pueda entablar contacto consciente con el Tao, la Fuente universal, la Vía, el principio generador de todas las posibilidades.

El proceso es voluntario, y, sin embargo, lo paradójico es que nadie elige pasar voluntariamente por una experiencia de tal magnitud. Las circunstancias aleatorias nos enfrentan a veces con nuestro destino, y de nuevo es el azar quien nos conduce. Sin embargo, esta fase puede activarse voluntariamente, y entonces el proceso no es tan dificultoso. Carl Jung aleccionó a unos pocos de sus alumnos para que adiestrasen en la Individuación a las personas que lo mereciesen, operando desde la clandestinidad, cada uno a su nivel y desde su propio cometido.

Reprogramar la mente

Desplegar con eficacia la Imaginación Activa es similar a instalar en nuestra mente un nuevo programa informático mental. Pero la instalación de dicho programa necesita un tiempo antes de poder ser ejecutado por la mente, dependiendo de la magnitud de los cambios que deseamos efectuar; si los cambios vitales son muy grandes, el proceso de individuación puede durar años. Pero cuando uno lo domina, se pueden producir enormes cambios vitales en un período relativamente corto.

La clave para ello radica en elegir el Arquetipo adecuado con el que *randomizar* la nueva realidad, el futuro que deseamos. Recurriendo de nuevo al ejemplo de la informática, el diseño correcto del programa es la garantía del éxito. No se puede generalizar, cada persona debe diseñar su propio programa y mantenerlo activo durante el tiempo necesario, porque si se interrumpe a medias la instalación del nuevo programa vital, no se obtendrán los resultados deseados; la mente subconsciente no lo ejecutará, y no se establecerá la conexión con el potencial del Inconsciente Colectivo.

Para reorganizar el azar en nuestro beneficio (para atraer eso que denominamos suerte) necesitamos una nueva toma de conciencia intensa y sostenida. Esa toma de conciencia puede lograrse con la Imaginación Activa. Así, el determinismo se rompe, el azar se reordena en una nueva realidad generativa, en lugar de dejarnos llevar por el caos primordial como una corriente que puede destrozarnos. En suma, nos convertimos en creadores. En creadores de nuestro propio Destino.

CONEXIÓN SUBCONSCIENTE

TARIFA PLANA CON EL UNIVERSO

Todos nosotros tenemos un procesador de aleatoriedad que *traduce* el significado de lo irracional y da sentido a lo que aparentemente no lo tiene, además de mantenernos conectados con el Inconsciente Colectivo, la fuente de todo, algo así como el hiperespacio donde están conectadas las conciencias de todos los seres humanos, según Carl Jung, incuso de los ya fallecidos. La Imaginación Activa creada por él se trata de un pensamiento consciente, bien definido y limpio, diferente al *ruido* caótico y desparejado que generan esos otros pensamientos que pueblan a toda hora nuestra mente sin que ni siquiera les prestemos atención consciente. Pues bien, también de manera subconsciente, las personas nos conectamos con el azar y el Inconsciente Colectivo gracias a nuestro módem psíquico interior.

LA MENTE COMO MÓDEM

Numerosas técnicas y disciplinas han tratado de que la conexión con el inconsciente se realice de manera consciente. Por ejemplo, los orientales creen que sus prácticas meditativas, como el zen o el tantra, potencian dicha posibilidad. Utilizando de nuevo la metáfora de Internet, los occidentales podemos comprenderlo mejor con el siguiente razonamiento: para conectarnos conscientemente a la fuente universal, al hiperespacio de todas las conciencias, necesitaríamos un módem, y eso es precisamente el procesador de aleatoriedad que radica en alguna parte de nuestro cerebro.

Lo apropiado sería disponer de tal conexión la mayor parte del tiempo, algo así como una tarifa plana con el Inconsciente Colectivo. Si lo hiciésemos así, pronto veríamos las ventajas, como por ejemplo el aumento de la intuición, que nos lleva siempre a elegir lo que más nos conviene o capturar al vuelo las oportunidades que de otro modo ni siquiera distinguiríamos. Sucede así porque cuando *randomizamos* y procesamos lo aleatorio, acertamos en mayor medida en todas las encrucijadas de la vida.

Entonces todo se produce de manera tan natural que incluso llegamos a pensar que somos *nosotros* los que hemos tomado la decisión acertada. Pero cuando no acertamos, funcionamos como si estuviéramos ciegos. Sin embargo, la decisión acertada que buscamos para cada momento crucial no funciona con ningún determinismo establecido. No existe ninguna *receta* para acertar siempre en la vida, porque nada está escrito de antemano. La cosa funciona así: una decisión, una opción entre posibilidades, nace de un pensamiento. Si la decisión no produce los resultados deseados, se modifica el pensamiento, los resultados cambian y entonces acertamos.

Lo que pasa es que nadie funciona de manera tan maquinal en la vida; al contrario, la mayor parte del tiempo vamos dando tumbos de una opción a otra, aunque no queramos reconocerlo, y esto es debido al papel que desempeña un imponderable: el sentimiento. Porque los sentimientos interfieren en la elección. Los pensamientos elaborados desde la razón y la lógica, nuestros grandes patrones de pensamiento occidental, no siempre nos conducen a donde deseamos; también estamos mediatizados por las emociones. Por ello Carl Jung proponía seguir una forma de pensamiento *ilógica* pero mucho más eficaz: sincronizar subconscientemente con el todo, y no preocuparnos de nada. Dejar que suceda lo mejor, no lo que deseamos. Porque lo que nos conviene no siempre coincide con lo que deseamos.

Activar el procesador interno

No hay prueba científica que puede explicar cómo se produce la Sincronicidad. Pero, por ejemplo, a todos nos ha sucedido que mientras estábamos pensando en alguien, esa persona ha entrado por la puerta o nos ha llamado, o nos ha enviado un mensaje telefónico, o hemos tenido algún tipo de noticia relacionada con ella. Son leves destellos del pensamiento sincrónico, que a veces activamos de manera inconsciente. He dicho que no hay una prueba científica sobre la existencia de tales fenómenos, pero en realidad sí la hay; Jung trabajó sobre una explicación: nuestro cerebro genera aleatoriedad que conecta con el azar en una constante codificación/decodificación. Los átomos que componen nuestro cuerpo material (incluido nuestro cerebro) poseen un comportamiento independiente de nuestro concepto del Yo.

Los budistas opinan que nuestro Yo es una creación de la mente, que nuestro Yo no es nuestro cuerpo físico. Nosotros somos nuestro cuerpo y la percepción de nuestro cuerpo. Esa percepción que tenemos de nosotros mismos es a lo que la psicología y el budismo califican de Yo. Es, por decirlo así, nuestra *personalidad*. Y la personalidad se forma con el complemento del Arquetipo que hayamos asumido en un momento y situación dados. Según eso, somos nuestro cuerpo comportándose de una determinada manera, diferente unos de otros. Es lo que llamamos rol.

¿Pero por qué es tan importante el Arquetipo para la vida? Porque es el responsable de activarnos ante las circunstancias. Si cambiamos de Arquetipo, cambiamos de actitud, porque con cada rol se piensa de manera distinta, y ya hemos visto que es el pensamiento el que puede hacernos fracasar o acertar en las encrucijadas de la vida. Cuando acertamos y todo nos conduce hacia el Destino que deseamos, es el Arquetipo que tenemos asumido el que nos conduce de manera automática por el océano de posibilidades azarosas que se nos presentan a diario para elegir.

El Arquetipo es como un mapa virtual; si el mapa no corresponde a la zona en que estamos circulando, seguirlo nos puede llevar hacia un lugar equivocado. ¿Pero cómo hacer para que se active de manera correcta ese procesador de aleatoriedad que radica en nuestro cerebro? Hasta ahora, hemos estado preparando el terreno para responder a esa importante cuestión. La respuesta es: mediante un pensamiento consciente. La intensidad y duración de dicho pensamiento es el factor clave para que se active el proceso de *randomización* interna de nuestra conciencia.

Te pondré un ejemplo extraído de la informática: un ordenador se pone en marcha sólo si lo conectamos a la cantidad de energía que necesita para activarse a sí mismo. Con menos energía de la que requiere no se pondrá en marcha. Pues bien, lo mismo sucede con el centro de aleatoriedad cerebral. Si la energía del pensamiento no es la debida, o si desconectamos antes de que se active el sistema, no funcionará. Es necesario incrementar la señal.

Amplificar la señal

Seguramente habrás oído eso de que «ten cuidado con lo que deseas porque lo puedes conseguir». Pues el aforismo tiene bastante razón, aunque funcione de manera ambivalente. Me explico: el pensamiento consciente y sostenido en el tiempo es lo que los orientales llaman meditación, y sería comparable a la Imaginación Activa creada por Carl Jung. Y aquí viene una clave importante: esta conexión se produce gracias al sistema nervioso. Con la observación consciente nos entrenamos para generar un nuevo pensamiento más coherente con los deseos y aspiraciones de nuestro Yo. El sistema nervioso amplifica la señal generada por el procesador de aleatoriedad mediante la energía psíquica.

El cerebro, como han descubierto los actuales neurólogos, genera una cantidad mensurable de energía en forma de fotones, y éstos, mediante el tálamo, activan el sistema nervioso. El pensamiento consciente es una manifestación psíquica que nace del cerebro y el sistema nervioso, y es el sistema nervioso el que nos pone en marcha para convertir en realidad material lo que llega al procesador de aleatoriedad. Sin embargo, para que eso ocurra es necesaria una cierta cantidad de energía medida en fotones. Son unos cálculos un tanto complejos, pero simplificaré diciendo que, según algunos expertos, para que un fotón active el sistema nervioso necesita ser amplificado en una magnitud de 10^{20}. Sin embargo, la mayoría de los pensamientos que generamos al cabo del día sólo alcanzan la intensidad de 10^{8}. Tenemos muchos pensamientos, pero son inconscientes y con escasa potencia. No nos movilizan a hacer nada.

El proceso se produce de la siguiente forma: nuestro nivel consciente siempre está generando pensamientos de todo tipo, más o menos racionales, que son recibidos en el nivel subconsciente, donde radica el procesador de aleatoriedad, en línea con el Inconsciente Colectivo. Como ya hemos visto, tales pensamientos no generan suficiente energía para activar el sistema nervioso. Esto ocurre como medida de seguridad; porque si el procesador captase todo ese tormentoso cúmulo de pensamientos, la mayoría sin sentido aparente, la mente consciente se volvería loca con semejante mezcla de contradicciones. De hecho, muchas enfermedades mentales tienen relación con ello.

Meditación y concentración

Al subconsciente llegan los pensamientos generados de manera consciente. Pero han de cumplir además otros requisitos para activar el procesador de aleatoriedad. La observación consciente no funciona con la lógica ni con la razón, las reglas del azar son otras. A los occidentales nos resulta muy incómoda y fatigosa la meditación, la oración y la concentración (incluso la lectura); estamos cada vez más dispersos y menos predispuestos a ejercer la atención focalizada. Meditar es anular el pensamiento continuo y consciente, de manera que nuestro sistema nervioso tome el control como si fuese una segunda mente. Existen técnicas occidentales de meditación, como la Sofrología o la CSM.[20] Pero estamos tan acostumbrados a razonarlo todo, que dicha razón se convierte en un impedimento que condiciona nuestra capacidad de concentración. Desde la Revolución Francesa, la razón es la religión del hombre moderno.

Hemos de practicar la concentración por el método que sea, ya que en estado disperso producimos demasiada basura mental, y ello produce graves interferencias entre el consciente y el subconsciente. Por ejemplo, el Yo genera pensamientos de autoafirmación y defensa que con el paso del tiempo se convierten en una falsa *personalidad*, en un filtro que no deja pasar las respuestas adecuadas que vamos buscando tan afanosamente. No tenemos tiempo para pensar en cómo tener más tiempo para pensar. Entramos en un círculo vicioso que nos resta libre albedrío y nos vuelve deterministas. Pensamos bien (como los ordenadores), pero no somos felices.

Dualidad determinista

Nos boicoteamos; parece como si estuviésemos en guerra con nosotros mismos, dividimos la existencia en dos partes, nosotros (nuestro Yo) y el exterior, el mundo y los demás. Sin embargo, esta diferenciación no existe, es una creación de la mente. Jung, de acuerdo con la filosofía oriental, opinó que en realidad todo está unificado. Cuando cada día pedimos que se cumplan nuestros deseos, cuando rezamos, cuando meditamos, se activa el pensamiento consciente. Al ocurrir eso emitimos la energía psíquica capaz de activar el procesador de aleatoriedad que pone en marcha los receptores sincrónicos con todo el universo que nos rodea, cuyo poder es infinito e inacabable. Así es como nos convertimos en parte del despliegue generativo del Universo.

20. La Sofrología es un sistema de relajación dinámica creado por el psiquiatra colombiano Alfonso Caycedo, basado en el Pensamiento Autógeno Schultz. La CSM (*Clinically Standarized Meditation*) es una modalidad meditativa desprovista de todo contenido místico o simbólico.

La oración o petición es un pensamiento, y si se hace con la debida fuerza de conciencia, puede alcanzar el nivel de potencia indicado y activar el generador de aleatoriedad instalado en nuestra mente subconsciente. Entonces, la realidad de la que formamos parte cambia, salimos de un estado condicionado por nuestro pensamiento determinista a otro de libre albedrío, donde podemos orientar nuestra intención hacia la meta que deseamos.

Redefinir nuestro Arquetipo

Carl Jung era muy aficionado a las técnicas meditativas orientales. El tiempo y la ciencia le han dado la razón: la meditación zen ha sido estudiada en el laboratorio, en concreto en el prestigioso Instituto Tecnológico de la Universidad de California. Los resultados prueban que este método de observación o pensamiento consciente es una mezcla de azar y necesidad, es decir, de intensidad emocional generada en nuestra psique, en conexión con la probabilidad latente de eso que deseamos para cumplimentar nuestra felicidad y nuestro progreso personal.

Por eso hay tanta diferencia entre unas personas y otras, a pesar de que hoy día nuestra forma de vida es tan similar. Nuestros dos niveles de conciencia, el consciente y el subconsciente, interactúan muchas veces por segundo, influenciándose mutuamente, sumando y restando su poder, y nuestra vida es al final el resultado de cómo se realice tal conexión. Si no es adecuada, no logramos los resultados que deseamos y la existencia nos resulta penosa, incluso insoportable.

Así que no vale culpar a las circunstancias; nosotros somos los únicos responsables de lo que cosechamos. Pero también hay que tener en cuenta que el Yo no es *malo*, dicho en términos morales. Al contrario, el Yo y su máscara virtual, el Arquetipo, son imprescindibles para vivir en este mundo material, en el Juego de la Vida. Sin embargo, también es cierto que el Arquetipo que asumimos puede determinar nuestros resultados en el juego, puede conducirnos al fracaso si le seguimos literalmente la corriente; es un caballo percherón con orejeras, fuerte pero obstinado.

El Arquetipo es una proyección generada para que podamos vivir en medio de otros roles, es una especulación, una identidad virtual para jugar en un juego virtual. Para los budistas, el Arquetipo no es nuestra verdadera identidad, no es más que una máscara del Yo, de la persona. De hecho, la palabra *persona* deriva del griego, y significa *máscara*. Carl Jung estaba de acuerdo con la filosofía budista en que el Arquetipo es una identidad inexistente, ya que fluctúa continuamente según las circunstancias. Al comportarnos desde donde nos pauta nuestro Yo, nos alejamos de las respuestas superiores que radican en el Orden Implicado, en la inmensa fuente de posibilidades que nos ofrece el Inconsciente Colectivo.

Reinventarse sobre la marcha

Debemos asumir el Arquetipo más apropiado para cada momento y situación, aunque con el suficiente desapego; sabiendo que tú no eres tu Arquetipo, sino que se trata de una máscara necesaria coyunturalmente para poder jugar en el Juego de la Vida. No es posible jugar sin Arquetipo, la existencia física que habitamos nos conduce a servirnos de una *personalidad* para interactuar así con los demás y con el entorno.

Sin embargo, podemos elegir el mejor Arquetipo, la mejor actitud en cada momento y situación. ¿Cómo? Lo primero, siendo conscientes de la forma en que los distintos roles que asumimos a lo largo de nuestra vida nos pautan el comportamiento y la forma de pensar, las opiniones, las actitudes, las razones, las motivaciones personales, y sobre todo las elecciones... He ahí donde radica la diferencia: en la elección. Ya lo he dicho antes: cuando elegimos conscientemente, sorteamos las barreras del determinismo del Yo, actuamos con nuestro libre albedrío superior conectados con el Todo, sometemos el Yo a una identidad superior, el Orden Implicado.

¿Quién piensa: tú o tu cerebro?

No podemos prescindir de adoptar un Arquetipo, pues el Yo necesita llevar siempre una máscara puesta para poder manifestarse en el Juego de la Vida, para ser persona. Pero el Arquetipo sí podemos escogerlo de manera más adecuada con el fin de conectar mejor con las pistas que materializan la realidad que deseamos. ¿Cómo se hace eso? Dejando campo libre a la conciencia, posibilitando que actúe mediante la observación consciente y el pensamiento sincrónico. Pero entonces, ¿quién toma las decisiones: el Yo o el Arquetipo? Pondré un ejemplo que lo explica: Benjamin Libet[21]

21. Libet: neurólogo californiano, autor de *Mind Time: The Temporal Factor in Consciousness.*

demostró en 1983 que el cerebro decide actuar antes de que la persona sea consciente de la decisión de actuar.

El cerebro toma la decisión y después informa al Yo de la decisión tomada. El Yo, es decir, la idea mental que tenemos de nosotros mismos, cree entonces que es *él* quien ha tomado esa decisión. Curiosamente, esto coincide con lo que desde hace cientos de años dicen los maestros zen: la mayor aspiración estriba en *ser pensados*, no en pensar. O sea: es a través del sistema nervioso como cada individuo se relaciona con la vida externa, actúa en consecuencia con lo generado por su mente y cosecha resultados en consonancia. Pues bien, el vínculo entre su cerebro y su Yo es el rol o Arquetipo. De ahí su gran importancia.

El triunfo es colectivo

La finalidad última del Juego de la Vida es que todos triunfemos, no hay un solo ganador. El éxito es colectivo o no lo hay. La vida, según Carl Jung, es el resultado de la suma de las conciencias que se expresan a través del Arquetipo de forma inconsciente. Por eso nadie es inocente, todos somos responsables de manera individual y colectiva por el mundo en que habitamos, aunque la mejor manera de incidir sobre él es de forma individual, responsabilizándonos de nosotros mismos y de nuestro destino. Tal como opinaba Heráclito, el individuo predomina siempre sobre la masa. Pero la masa puede condicionarnos, arrebatarnos nuestro libre albedrío y *animalizarnos*. Por eso necesitamos un Arquetipo, para jugar en el terreno de lo posible, de lo virtual.

Jung trabajó toda su vida en crear un sistema de perfeccionamiento del individuo, un método de iniciación moderno para que el ser humano haga realidad su Destino, contribuyendo así a mejorar el mundo colectivo en el que vive. A ese sistema lo llamó Individuación o *el proceso de convertirse en persona*. Sin embargo, podemos rechazar la oportunidad de dar este salto adelante, como así hacen muchos. Al conformarnos, al ceder al determinismo, a lo reglamentado desde la maquinaria de la sociedad, perdemos la oportunidad de nuestra vida para lograr el alto Destino que nos estaba reservado. Y a partir de ahí vamos a la deriva, reaccionando ante las circunstancias. Esto sucede así porque somos tan libres que incluso podemos rechazar nuestra propia salvación.

DE SAPOS A PRÍNCIPES

Cambiando el final de la película

Según Carl Jung, el mejor rol con el que jugar al Juego de la Vida es el Héroe arquetípico que surge del proceso de Individuación. Las vicisitudes de la existencia y el azar empujan continuamente al hombre corriente a sufrir una metamorfosis, como en la fábula del sapo que se transforma en príncipe. ¿Pero para convertirnos en Héroes hemos de ser buenos, perfeccionarnos moralmente, o algo parecido? No es así, el Héroe arquetípico no es lo que conocemos en términos corrientes por una *buena persona*. Para que se entienda mejor lo que quiero decir recurriré a una frase de Oscar Wilde que lo razona genialmente: «Ser bueno, según el concepto normal de bondad, es fácil. Simplemente requiere una cierta cantidad de miedo, una buena falta de imaginación y esa baja pasión por la respetabilidad típica de la clase media».

Entonces, ¿quién es un Héroe? Alguien que no teme elegir cuando llega el momento. Todo Héroe arquetípico es un *elegido*. Porque uno nunca elige, sino que se deja elegir por su gran sueño. Por eso el futuro de una persona es una página en blanco; comienza a escribirlo cuando se alza sobre sus condicionantes personales y se atreve a usar su libre albedrío. Hay que alzarse sobre las limitaciones que nos han tocado en suerte en el Juego de la Vida. Sólo entonces, cuando uno da ese paso, el Destino pone a su alcance los poderes de transformación personal que le hacen posible alcanzar sus metas.

Espera lo mejor, prepárate para lo peor

Llega un momento en la vida en que hemos de asumir el papel del protagonista principal en el Juego de la Vida, entonces algo cambia de repente y nos rompe los esquemas, nos saca de cuajo del camino cómodo que seguíamos hasta ese momento y nos arroja a las tinieblas de incidencias y penalidades. Esto suele manifestarse como un hecho traumático y nos empuja sin remedio, imponiéndonos la encrucijada de una difícil elección vital. Y entonces hemos de tomar una decisión, aunque no lo queramos. A toda persona le sucede algo así al menos una vez en su vida. Si admitimos el reto, comenzamos el proceso iniciático del Héroe, la Individuación. Si no, dejamos pasar la oportunidad hasta la siguiente ocasión. Si es que la vida nos ofrece una segunda oportunidad.

Todo iniciado ha de ser valiente, pues su graduación conlleva la muerte simbólica de su anterior personalidad, del anterior carácter, del antiguo Arquetipo, para transmutarse y experimentar un cambio fundamental que transformará su vida para siempre, mediante un renacimiento. El cambio iniciático que nos empuja por el camino del Héroe se produce al recibir un fuerte impacto emocional, que suele venir de las personas más próximas a nuestro entorno, de los roles con los que mantenemos relación arquetípica en el Juego de la Vida. La familia, por ejemplo, es un campo de cambios muy doloroso. Otros campos de alta vibración emocional son la pareja, la vocación y la profesión.

Vencer al dragón

Según Carl Jung, el Juego de la Vida impone que la última prueba arquetípica por la que ha de pasar un *elegido* es vencerse a sí mismo, vencer a su Sombra. Dominar al dragón que habita en su interior. Pero resulta que el dragón es uno mismo. Uno mismo tiene que morir para renacer dignificado y renovado. Por eso Jung llamó *Egocidio* a este proceso de muerte y resurrección simbólica. Como dice una máxima del Tao, «si vencemos a los demás, somos fuertes, pero si nos vencemos a nosotros mismos, seremos realmente poderosos».

Encontrar el verdadero sentido de nuestra vida, llevar a cabo nuestros mayores sueños y alcanzar el Destino que nos está reservado exige un gran esfuerzo de cambio que muchos no están dispuestos a emprender. Sin embargo, nada más comenzar el proceso vemos que no estamos solos en el

Juego. Si permanecemos atentos comienzan a producirse a nuestro alrededor hechos sincrónicos que actúan como guía, empezamos a encontrar significados que hasta entonces habían permanecido velados, atraemos a las personas que nos ayudan en el camino, a pesar de las grandes dificultades por las que hemos de pasar.

¿QUÉ ROLES ATRAES CON EL TUYO?

En la vida cotidiana todas las personas proyectan su Arquetipo particular sobre los demás. Por ejemplo, muchas mujeres se quejan de que siempre atraen al mismo tipo de pareja, a hombres con similares patologías personales, que no les convienen, e incluso las maltratan. Parece como si fuesen buscándolos y eligiéndolos para algún fin que ni ellas mismas comprenden. Esta búsqueda inconsciente se produce cuando se proyecta el Arquetipo idealizado que por algún motivo deseamos encontrar para complemento del nuestro. Y no hay nada más peligroso que un Arquetipo idealizado. Porque lo ideal no existe y el Arquetipo es una máscara social. Al coincidir el Arquetipo que se busca con el de la persona que se halla, se produce un reconocimiento a nivel subconsciente y ambos resultan atraídos. Pero si lo que se busca es un espejismo, eso es lo que corremos el riesgo de encontrar.

¿Cómo atraer entonces el Arquetipo que más nos conviene? Nuestro Yo atrae aquello que nos impulsa a actuar y superarnos, a trascender desde nuestra situación actual a otra superior, aunque sea a base de concitar a personas que nos fuerzan a ello. Si no se aprende de las experiencias y se sigue repitiendo la pauta, lo que era un medio para provocar un cambio esencial se convierte en una viciada y nociva pauta de por vida, hasta que la persona queda totalmente derrotada y sin capacidad de reacción.

ASÍ FUNCIONA EL *FLECHAZO*

En realidad, todos tenemos una imagen idealizada de cómo es la pareja que deseamos. El mecanismo atractor funciona igual, aunque no siempre logramos atraer lo que quisiéramos, ya que por el camino se nos cruzan otras personas que nos hacen detener el proceso de búsqueda. En suma: el Arquetipo que vamos proyectando hacia fuera nos hace descartar a los que no coinciden con él, y seguir adelante en la búsqueda de ese ideal.

Así es como se producen los típicos *flechazos*, pero el problema estriba en que la búsqueda de una persona idealizada desde la posición de un Arquetipo inconveniente sólo atrae a personas que nos arrastran a mayores errores vitales. Tal efecto de proyección ocurre también en el ámbito profesional, con los compañeros de trabajo, los clientes y los jefes. Según el Arquetipo que tenemos asumido, vamos buscando otros roles que nos parecen ideales, pero que no siempre lo son. Insisto, no existe lo ideal, todo depende del momento y la situación. ¿Y cómo podemos romper la pauta negativa? Cambiando a un Arquetipo más conveniente, cambiamos el enfoque que tenemos de los demás y atraemos hacia nosotros otro tipo de personas que nos convienen más, tanto sentimental como profesionalmente. Me refiero a la búsqueda del Avatar, tu *Otro Yo* ideal..

Cómo encontrar a tu Avatar

El más conveniente de todos los Arquetipos que podemos atraer es el Avatar, pero que sólo viene a nosotros cuando hemos iniciado el camino del Héroe. El Avatar es siempre la persona que más nos conviene para nuestra mejora espiritual y evolutiva, y se manifiesta en un momento dado de nuestra vida, justo cuando nos disponemos a efectuar un cambio que nos impulse y nos prepare para una gran prueba de superación.

El Avatar suele ser una persona que tiene asimilados y bien arraigados los Arquetipos de Sabio o de Mago, cuyas cualidades están manifestadas en uno de los 22 arcanos mayores del Tarot. El Arquetipo del Mago nos enseña que el Universo se está creando continuamente, que lo creamos nosotros con nuestra percepción. Es la magia que crea nuestra realidad. El Mago sabe que está íntimamente ligado al mundo, que forma parte de él en un proceso creativo continuo.

Después de haber sido Huérfano, Vagabundo, Guerrero y Mártir (otros Arquetipos), el Mago que hay en nosotros regresa al Arquetipo de Inocente que fuimos al principio del Juego, uniendo así principio y fin; es el Héroe que regresa a casa al final de su misión. Pero el que regresa no es el mismo que se fue; de hecho, para el Mago, los méritos y las hazañas ya no son tan importantes, él mismo carece de importancia, porque andando su camino, ha aprendido a vivir. Ha triunfado en el Juego de la Vida.

El mago Merlín es un Avatar mitológico en este sentido. En las leyendas míticas, el Héroe siempre recibe la ayuda del Sabio o del Mago para realizar su hazaña. No podemos elegir al Avatar, pero ser consciente de nuestra situación personal y del Destino al que aspiramos ayuda a constelar el Avatar que más nos conviene a nuestro proceso de mejora. Su cometido es guiarte al final del proceso en el momento más delicado, cuando estás a punto de realizar la graduación, la vela de armas, según el rol del Héroe, que te dará precisamente las poderosas armas para convertir tu vida en aquello que deseas, y ayudar a los demás a realizar otro tanto. Conseguirlo es cuestión de suerte. ¿Pero qué es la suerte?

EL MITO DE LA BUENA SUERTE

La fórmula secreta del Azar

¿Te has preguntado por qué sólo creemos en la suerte cuando se trata de valorar los buenos resultados de los demás, y en cambio llamamos esfuerzo a los mismos resultados cuando los conseguimos nosotros? ¿Por qué decimos que tenemos poca suerte pero nunca que tenemos poca inteligencia? Parece que la suerte (buena o mala) justifica lo que uno quiera, es la palabra más recurrente y socorrida del diccionario; todos somos eclécticos de la suerte. Incluso proliferan los manuales para atraerla, lo cual presupone que se puede alejar. Es decir, la suerte tiene dos caras, una buena y otra mala.

Entonces, ¿es posible tener algo ambivalente? ¿Acaso una parte no neutraliza a la otra? ¿De verdad es posible un método que te garantice que la moneda caerá siempre de la cara que te interesa? ¿Existe tal modo de forzar lo aleatorio para que siempre se acomode a tus deseos? Si la buena suerte es la respuesta, ¿cuál es la pregunta? Si hasta la Teoría de la Relatividad y la Teoría de los Mundos Múltiples se pueden explicar con fórmulas matemáticas, ¿cuál es la fórmula matemática que explica la buena suerte, y de paso la mala? Necesitaríamos poder incidir en el azar para poder atraer siempre la cara de la moneda que nos conviene. ¿Pero eso es posible?

Un factor de probabilidad

Intentar conectar conscientemente con el azar parece un contrasentido; sin embargo, eso es lo que hacen los ordenadores para resolver algunas operaciones recurriendo a lo aleatorio gracias al lenguaje binario derivado del *I Ching*. Es decir, el ordenador usa un oráculo antiguo reconvertido por Leibniz y George Boole[22] con el fin de poder solventar problemas demasiado complejos para resolverlos con la lógica y la aritmética. Nosotros recurrimos al instinto, y en ambos casos el efecto se denomina *randomización* (aleatoriedad).

No es fácil hacerse a la idea de un ordenador realizando cálculos mediante los principios de un oráculo arcaico basado en el azar, pero es así como funcionan. Los ordenadores utilizan algoritmos, cadenas numéricas especiales (llamados números pseudoaleatorios), a medio camino entre la aritmética y el azar, entre el cálculo de probabilidades y la *suerte*. Lo curioso es que nosotros podemos pensar igual que un ordenador, no para resolver problemas complejos de rapidez y memoria, sino para algo mejor: para conectar con la fuente de todas las respuestas, el Inconsciente Colectivo. Los buscadores de información en Internet hacen algo similar a eso. El terminal de ordenador trabaja en sintonía con el buscador para encontrar la respuesta deseada en medio de ese caos de datos e información que es la Red, verdadero Ciberinconsciente Colectivo.

El futuro no está escrito

El azar crea entropía y sinsentido, oleadas de causas y efectos sin aparente conexión, inmensas desigualdades que no entendemos con nuestra mentalidad humana cada vez más reglada y cartesiana. Nos gustaría conocer las *razones*, las leyes por las que actúa el Universo para atenernos a ellas, pero el Universo no es *razonable* y comprobamos impotentes que, a pesar de toda nuestra lógica, no existen pautas predecibles para innumerables hechos de la existencia. Eso nos hace caer en la desesperanza y en el conformismo, y entonces es cuando pensamos que el *futuro está escrito*, y nada podemos hacer frente a lo que nos depara nuestro Destino.

Pero somos nosotros quienes escribimos nuestro futuro. Reorganizando el azar, usando su potencial incomprensible, dándole sentido a lo que no lo tiene, porque gracias al esfuerzo de las personas por ordenar la entropía de la existencia es como evoluciona la humanidad. Cada uno de

22. George Boole: en 1854, estudiando las operaciones mentales que dan lugar al razonamiento, Boole creó el código binario basándose en las ideas de la *aritmética binaria* de Leibniz.

nosotros tiene la responsabilidad y la facultad de extraer de la gran fuente universal, poderosa y caótica, aquello que necesite o desee para configurar su vida y la de los demás. Recuerda la parábola de los talentos.

ENTRE LA *BUENA* Y LA *MALA* SUERTE

La suerte existe, desde luego, pero no se *atrae*, sino que depende de nuestra elección consciente a cada paso y en cada circunstancia. Nada nos libra de tener que elegir, y, al hacerlo, corremos el riesgo de elegir la *mala* suerte. ¿Cómo elegir la *buena* suerte? Volvamos a la metáfora de Internet: debemos ajustar y afinar nuestro *buscador* para obtener de la Red las respuestas que más se ajusten a nuestras necesidades. Se trata de una comparación muy oportuna, ya que la Red actúa como lo que los científicos denominan una estructura disipativa, es decir, igual que lo hace el Universo, generando caos, entropía, azar. Pero incluso el caos tiene sus reglas; los físicos las denominan Orden Implicado, y para los orientales, el Tao (la conciencia cósmica) también se rige por sus propias leyes.

En este sentido, Internet es una especie de conciencia cibernética, y su ejemplo nos sirve para estudiar cómo funciona el azar universal. Eso quiere decir que una sola persona puede cambiar el mundo (para bien o para mal), como así se ha demostrado a lo largo de la Historia. De hecho, son los individuos los que realizan los mayores logros e impulsos con los que avanza la humanidad. El inventor de una nueva medicina que salvará a millones de vidas o el exterminador de un pueblo son dos ejemplos opuestos de cómo funciona el libre albedrío y las dos caras de la misma moneda. Las personas como colectivo, en masa, tienen menos poder que un solo individuo, porque sus pensamientos opuestos se neutralizan y la energía mental se dispersa. Incluso revoluciones como la francesa estuvieron controladas por una o dos personas, Danton o Robespierre; la Revolución era un ideal personal transformado luego en colectivo.

Esta provocadora idea de que el individuo tiene más poder para influir en el caos que la masa proviene de Heráclito y ha sido aceptada por los modernos sociólogos, que estudian un campo nuevo llamado Psicohistoria. La explicación a esta teoría es que los colectivos humanos son deterministas, sobre ellos se puede aplicar perfectamente el cálculo de probabilidades y se acierta con bastante aproximación, como por ejemplo hacen las empresas de estudios de mercado.

El individuo es más propenso a ejercer su libre albedrío, se acomoda más a la vida caótica que la masa. A veces, una simple balsa sortea mejor la tormenta que un pesado trasatlántico. Por otro lado, las sociedades, los colectivos humanos, se reglamentan mediante leyes propias, pero la vida no, el Universo ignora nuestras leyes, de ahí el estupor y la confusión que nos causan por ejemplo los desastres naturales o la lotería. ¿Por qué a mí? ¿Por qué a ellos?, son preguntas que nos hacemos si nos ha afectado o nos hemos librado de algo malo, o si no nos ha tocado la lotería.

A qué llamamos Suerte

Por eso los colectivos humanos veneran tanto la *suerte,* porque es una fuerza inexplicable, un reflejo, una especulación de un Dios que juega a los dados con nuestras vidas. Y somos tan ingenuos que pensamos que podemos ponerlo de nuestro lado. Así es como surgen las supersticiones y las religiones; intentos de controlar lo que consideramos *sobrenatural.* Todo esto no quiere decir que los colectivos humanos no actúen con inteligencia ante las contingencias caóticas de la vida. Pero lo hacen con una inteligencia limitada y sobre todo reactiva, siempre van en pos de lo que sucede, y de la previsión de lo que sucederá mañana; sin embargo, no alcanza a predecir por ejemplo cuándo se producirá un terremoto para poner a salvo a la población.

Durante las Pascuas del 2005, un inmenso maremoto, el segundo más grande de la historia, acabó en el mar de Tailandia con casi 300.000 personas..., precisamente un día después de Navidad, cuando millones y millones en todo el resto del mundo celebraban felizmente esta fecha. ¿Por qué les ocurrió a ellos y no a nosotros? En cambio, días antes se produjo en España otro hecho curioso que ha pasado casi desapercibido. Una administración de lotería de un pequeño pueblo catalán llamado Sort (suerte) vendió por segunda vez consecutiva el premio Gordo de Navidad. Ya lo había hecho el año anterior. A muchas personas les tocó por segunda vez y hoy son muy ricas. ¿Por qué les ocurrió a ellos y no a nosotros? Pero hay algo más. La mayoría de los boletos del número ganador se vendieron por Internet. La gente acudió a la Red individualmente y desde distantes y distintos puntos del país, a través de sus ordenadores personales, para adquirir ese número en concreto. ¿Por qué ese número y no cualquier otro?

La unión entre el impulso individual de hacerse con un boleto de lotería, aplicado a la estructura disipativa y colectiva que es la Red concitó un hecho sincrónico bien evidente: el Gordo tocó por segunda vez en esa administración de lotería. ¿Suerte? ¿Azar? No hay una respuesta lógica, lo sucedido se denomina en física *Efecto Mariposa*: a veces destruye de cuajo la vida de miles de personas que ya vivían una existencia miserable y a veces te puede hacer rico dos años consecutivos, aunque no lo merezcas en absoluto.

AZAR: ¿PREMIO O CASTIGO?

Lo único que sabemos es que estos hechos ocurren, ignorarlos no sirve de nada, así que más vale prestarles atención y ver qué nos están sugiriendo. Para Carl Jung, así es como funciona la Imaginación Activa, un potencial psíquico capaz de desencadenar a nuestro alrededor el Efecto Mariposa. Pero volvamos al razonamiento principal: en los sistemas emergentes, como son los grupos humanos, también puede surgir un tipo de inteligencia, un liderazgo no individual, sino colectivo que les lleva a sobrevivir ante las mayores calamidades. Y está claro que ha funcionado, pues hasta ahora, la especie humana, como especie animal, ha sobrevivido al caos del Universo, que golpea en forma de desastres naturales, plagas o enfermedades. Eso cuando no es la propia especie la que se aniquila a sí misma causando guerras y matanzas mediante métodos artificiales.

Pero aun así, el colectivo ha prevalecido sobre el individuo en particular, el azar selecciona sin ningún tipo de lógica o sentido quién ha de morir, del mismo modo que también selecciona a quién ha de tocarle la lotería, incluso por segundo año consecutivo. Los humanos vemos en esto una prueba de que Dios es incomprensible, o al menos sus leyes, ya que en estos hechos observamos la aparente arbitrariedad con que gobierna el mundo. Pero como es difícil mantener la fe en un Dios de bondad mirando las calamidades injustas que ocurren a nuestro alrededor, entonces muchos optan por creer que dichos efectos son obra de la *buena* o la *mala* suerte. Los muy creyentes se resignan, pensando en que se trata de premios y castigos que no alcanzan a comprender. Los agnósticos rechazan todo hecho divino o sobrenatural, como ocurre con los científicos.

Pero a menudo nos olvidamos de que, exista o no un Dios, somos libres en nuestro campo de actuación dentro del Juego de la Vida. Nos olvidamos de nuestra libertad individual para salir del determinismo que tantas veces impone la masa y la sociedad de consumo. El individuo solo, si se lo propone, puede hacer más por la humanidad que un desastre natural o la lotería anual. Éste es el ejemplo de la mariposa que bate sus alas en Brasil y quizá desencadena un maremoto devastador en Tailandia. ¿Mala suerte? Quizá. ¿Azar? Sí, ¿pero qué ocurriría si fuésemos capaces de operar en la corriente del azar con un acto de voluntad consciente?

Caos contra determinismo

Es evidente que hablo de utilizar este poder para hacer el bien, no para causar desastres naturales. Hacer el bien, convertir este infierno en el paraíso, ser coadjutores de Dios, ése es precisamente nuestro Destino. Dios nos ha dado libertad en el Juego de la Vida para que lo conduzcamos nosotros, pues si lo hiciese Él, seríamos poco más que autómatas, roles sin vida y predeterminados. Sin embargo, como dijo Jung, nuestro Yo tiene poder sobre la existencia y es capaz de generar nuevas posibilidades. A pesar de nuestros roles particulares, las personas nos unimos en colectivos para hacer frente a la lucha diaria por la vida, a la estructura disipativa del Universo, pero la estructura disipativa funciona de manera aleatoria, mientras que los sistemas emergentes de los colectivos humanos funcionan de manera determinista; entre ambos hay un choque de planteamientos, el avance se neutraliza, lo que un día se gana el otro se pierde, jamás cesa el efecto de ambivalencia. Los débiles intentos humanos por controlar su destino son siempre limitados y reactivos, en lugar de creativos y generadores. ¿Por qué ocurre así?

En la vida rigen dos principios opuestos (el *Yin* y el *Yang* de los orientales): las leyes o principios organizadores, y el Caos o principio destructor. Este conflicto eterno jamás se resolverá, pues dicha tensión es la que precisamente genera la vida. Dicho de otro modo: no es posible atraer la buena suerte sin atraer también la mala suerte, porque ambas son lo mismo en realidad: azar. Es una cuestión de equilibrio. El cometido del ser humano es contribuir individualmente a minimizar los efectos negativos que causa dicha ambivalencia y equilibrar la balanza según su deseo y en la mayor medida posible.

La moneda en el aire

¿Y cómo podemos hacerlo? Mejorando sustancialmente nuestra existencia particular (y por extensión la de los demás), actuando más en sintonía con el azar universal. Usando el procesador de aleatoriedad que radica en nuestra mente podemos reorganizar el caos, del mismo modo que el programa de búsqueda del ordenador entra en el universo caótico de Internet y obtiene de él las respuestas que necesitamos. Nuestro procesador de aleatoriedad es el buscador cibernético que podemos usar para entrar en la estructura disipativa del Universo y mediante los hechos sincrónicos y los oráculos obtener la clave que nos conduce a crear el futuro ideal que deseamos para nosotros y las personas de nuestro alrededor.

Ese principio organizador utilizando los principios caóticos de la existencia está al alcance de las personas de manera individualizada (arquetípica), pero sólo funciona bien si ajustamos y purificamos dicha central de aleatoriedad para sintonizarse con la vida de manera generativa y positiva. De otro modo, la vida nos arrastra hacia su lado oscuro. Ya lo dijo Carl Jung: «la vida mal vivida es una enfermedad de la que se puede morir».

La iniciación de las antiguas hermandades herméticas, la iluminación oriental o el proceso de Individuación creado por Jung persiguen igual fin: forjar a las personas (de manera individual, arquetípica) para que se conviertan en transformadores positivos de la existencia humana; lo que Heráclito llamaba *Aristos* (aristocracia moral) y el Círculo Hermético denominaba Psicocracia; me refiero a la persona que elige lo mejor para sí misma y los demás en todo momento, la persona que sabe lo que hacer siempre ante cada encrucijada de la vida, que elige siempre lo mejor; la persona que conoce las reglas del juego. Que no necesita confiar en la suerte ni lanzar la moneda al aire, porque sencillamente sabe cómo concitar la cara de la moneda que más le interesa. Porque la persona misma es dicha moneda.

REPROGRAMACIÓN MENTAL

Cómo influir en el Futuro

Antes de explicar cómo podemos influir en el azar es necesario aprender a corregir los malos hábitos de pensamiento que entorpecen la conexión entre nosotros y el Inconsciente Colectivo. El proceso de Individuación creado por Carl Jung es un entrenamiento activo de reflexión, meditación y adiestramiento vital para purificar la percepción y el pensamiento sincrónico. Es lo que Joseph Campbell llamaba «sendero de probación», en el que «se purifica el Yo, los sentidos se limpian y se hacen humildes».

Eliminar los errores del pensamiento causal que nos impide conectar bien con el despliegue generativo del Universo es un proceso que requiere disciplina, atención continuada y sobre todo un nuevo enfoque mental de nuestra existencia; es decir, se trata de cambiar el Arquetipo presente por uno más elevado dentro del Juego de la Vida. En suma, se trata de aprender a reprogramar nuestra conciencia mediante *programas* mentales y pautas de comportamiento más generativas. Se trata de ser más consciente de la vida que nos rodea, sólo así podemos incidir en su mecánica oculta.

Intuición contra razón

Funcionamos mejor por intuición que por voluntarismo, razones, lógica y planificación, lo dicen los expertos. Según Einstein, «la intuición es lo único realmente valioso; es un regalo de Dios». Nuestro cerebro es un oráculo natural, y si a él le añadimos el Arquetipo más generativo en cada ocasión, nos proporciona de manera inconsciente las respuestas y los caminos que necesitamos para conseguir lo que deseamos. No es magia, es un efecto neurológico propio de cada ser humano.

Pensamos a tanta velocidad que muchas de las decisiones que tomamos (a menudo las más decisivas) se producen por intuición, no por lógica o razonamiento, como nos gusta creer. No en vano, como dice Joachim Goldber, neuropsicólogo de la Universidad de Nueva York, «la gente dice que se ha tratado de una decisión intuitiva sólo cuando ha resultado ser una decisión correcta». Pero entonces, ¿quién tiene el control de nuestros actos, nuestro cerebro o *nosotros*? «El cerebro sabe qué variables nos resultan útiles para la supervivencia y las selecciona en milésimas de segundo», afirma Wolf Singer, director del Instituto Max Planck de Neurología y Psicología Cognitiva de Leipzig.

Lo sorprendente es que el cerebro actúa sin que la persona sea consciente de ello. ¿Quién lo guía entonces? La intuición. El generador de aleatoriedad que nos conecta con la realidad circundante. Por eso no debemos influir con nuestra voluntad en la acción rastreadora y generadora de la conciencia, no debemos interferir en la intuición, sino observarla y hacerle caso. Es lo que Jung quería decir cuando se refería a prestar atención a las Casualidades Significativas, base de la Sincronicidad.

La lógica de los sentimientos

Como comprobó el célebre psicólogo Antonio Damasio, verdadero creador del concepto de *inteligencia emocional*, los sentimientos, las emociones, las sensaciones..., pueden ser más eficaces que el intelecto cuando hemos de tomar una decisión acertada. ¿Pero cómo captar las intuiciones? Para ello es necesario corregir la tendencia obsesiva, el empeño y el voluntarismo excesivo, pero sobre todo la preocupación, el mayor veneno para la intuición. *Ocuparse* es correcto, *preocuparse*, avanzando en nuestra mente lo que puede salir mal, es un tóxico psíquico que mata la conexión con el Inconsciente Colectivo, base de las intuiciones.

Por otro lado, el nuevo enfoque mental precisa, más que voluntad, una buena y adecuada disposición consciente. La voluntad sirve muy bien para emprender y llevar a cabo ciertas acciones (tareas rutinarias, hacer deporte, levantarse a la hora debida...), pero factores de conciencia tan poderosos como la Sincronicidad no dependen de la voluntad, sino de la disposición mental a no dejar pasar detalle alguno que sea significativo. Es una vigilancia activa que se realiza de modo pasivo. Como en las diversas técnicas meditativas, la mente permanece calmada mientras que el sistema nervioso está vigilante para activar el procesador de aleatoriedad y permitir que nos envíe la respuesta mejor a cada situación.

EL IMPEDIMENTO DEL ESTRÉS

Sé que todo esto suena complicado y costoso, pero en el ámbito de la Sincronicidad nada cuesta más que otra cosa. Ni siquiera los bienes materiales, por grandes que sean. Después de todo, la materia no es más que uno de los tres estados de comportamiento que poseen las partículas atómicas (materia, energía y onda de probabilidad); es el pensamiento el que transforma la onda de probabilidad en materia. Lo dijo Albert Einstein: «el mundo que hemos creado es el resultado de nuestra forma de pensar». Se atrae automáticamente todo lo que se materializa gracias a la conexión de nuestro subconsciente con el Inconsciente Colectivo, tal como indicó Jung.

Sin embargo, la tensión, el estrés y la preocupación distorsionan nuestro pensamiento, son enormes barreras que impiden dicha conexión, estados psicofísicos que cierran las puertas a los hechos sincrónicos y nos convierten en reactivos en lugar de generativos. Es preciso relajarse permaneciendo vigilante y estar atento a las señales, dejarse conducir, fluir con la vida, permanecer abierto a las oportunidades, incluso aunque no se perciban ni hallemos motivos para ello.

LA FALACIA DE LA PLANIFICACIÓN

Otro error de pensamiento que debemos reprogramar estriba en centrarse en los detalles y los pasos que son necesarios antes de lograr el objetivo deseado. Planificar es bueno, controlar no. Nadie puede controlar el proceso de vivir cada día hasta los últimos detalles. Pretenderlo es tan inútil como querer controlar un juego de azar. No depende de nuestra mayor o menor inteligencia o memoria, o habilidades específicas.

Como hemos visto, el azar tiene sus propias reglas, inescrutables para nosotros. Por eso no hemos de indicarle los pasos que ha de efectuar para llevarnos al objetivo que anhelamos, sino, todo lo contrario, dejarnos guiar por él sin ofrecer resistencia, tan sólo indicándole qué es lo que deseamos. Los orientales confían en el Tao a tal extremo que lo dejan todo en sus manos. Lo correcto es tener bien presente nuestro objetivo, con la adecuada intensidad emocional e implicación personal. Sólo eso hace que todo fluya en su dirección.

Intentar controlarlo todo es la enfermedad psíquica del hombre actual. De ello deriva tanto estrés y ansiedad, pues el despliegue generativo tiene su propio modo de actuar, no se atiene a nuestras leyes lógicas y racionales. Con una actitud mental equivocada estamos rechazando la Sincronicidad que nos guiará sin esfuerzo, controlando cada paso hacia la meta de manera obsesiva nos enfrentamos puerilmente al azar. No es nuestro consciente, sino nuestro subconsciente quien ha de trabajar los detalles hacia la meta. Deja que tu cerebro *randomice* y te dé las respuestas de manera natural sobre la marcha. Debes controlarte tú, no pretender controlar las circunstancias. Es difícil perder esa costumbre de controlarlo todo. Me lo imagino como saltar sin red.

El ejemplo de la bicicleta

La experiencia que acumulamos en la vida puede conducirnos a la costumbre, y ésta al inmovilismo. Por eso, en ocasiones se hace necesario olvidar lo aprendido, desprenderse de antiguos hábitos, del viejo rol de actuación, salir del laberinto que nos determina, saltar de la rueda loca que nos atrapa como a un ratón de laboratorio. Vaciarse de lo antiguo para llenarse de lo nuevo. Los budistas dicen que en una taza llena ya no cabe nada más. Hay que vaciar la taza y dejar que el Inconsciente Colectivo nos la llene con las respuestas que hemos pedido. Pero si no vacías la taza, no cabrán las respuestas que pides.

Si conduces, habrás experimentado que para hacerlo bien hay que centrarse en el objetivo, y no en los detalles. Esto lo hacemos de manera global, integrados de manera instintiva y automática con el coche, la carretera, las señales indicativas, los demás conductores... Nadie va racionalizando cada paso que efectúa al mirar por el espejo, pisar el embrague, corregir el volante un microsegundo, cambiar de marcha... Es como montar en bicicleta: para hacerlo bien no hay que pensar en cómo mantener el equilibrio. De eso se ocupa el subconsciente, que nos transmite al cuerpo y a los sentidos las correcciones necesarias de manera automática y sin que lo percibamos.

Un objetivo y echar a volar

Un error para alcanzar nuestro Destino propuesto es precisamente no tener claro cuál es dicho Destino. Un refrán oriental dice que «ningún viento es bueno para el velero que no sabe adónde va». Hay que determinar cuál es el objetivo principal y natural de nuestra vida, y cómo ese objetivo nos conducirá al futuro específico que deseamos crear. Para ello hay que tener en cuenta que un objetivo vital grande impulsa más que uno pequeño; no hay que temer la ambición; al contrario, con bajas expectativas no es posible configurar una existencia que valga la pena. Pero el objetivo no ha de ser el de obtener un resultado particular o alcanzar la meta, pues la meta no se alcanza jamás; el Juego de la Vida no tiene fin.

El objetivo del proceso de Individuación de Carl Jung es hacer que la vida, dure lo que dure, nos merezca la pena ser vivida; hemos de convertirla en algo grande, para que al final nos sintamos plenamente satisfechos de haber obrado de la mejor forma posible para nuestro beneficio y el de los demás. Por eso Goethe dijo: «la vida es corta, no la hagamos también pequeña». ¿Pero cuál es el verdadero objetivo de la vida? Los budistas dicen que el único objetivo de la vida es ser feliz. La vida es un juego cuántico, y la finalidad de todo juego es jugar, disfrutar del proceso, no únicamente ganar. Ganar es un paso más del juego.

Mientras tanto, hay que valorar cada momento, pues nunca sabemos cuando acabará nuestra existencia. Cuando nos acostumbramos a desplegar las alas del Efecto Mariposa, vivimos la vida con más intensidad y tranquilidad. Sabemos que no podemos fallar, que en todo caso vamos a ganar, que podemos cambiar de Arquetipo sobre la marcha y acomodarnos a las nuevas circunstancias, que controlamos nuestro presente y nuestro futuro. El despliegue generador del Universo nos proporciona lo que necesitamos en el momento adecuado, pero es responsabilidad nuestra saberlo ver y aprovechar. El Tao nunca nos deja caer, ni a nosotros ni a nada. Según Joseph Campbell, «una fuerza sobrenatural ayuda a los Elegidos en medio de las pruebas más penosas».

IMAGINACIÓN ACTIVA

La facultad de los Elegidos

Si el Juego de la Vida puede considerarse desde el punto de vista de la Teoría de Juegos (la lógica de *suma cero* y *suma no nula*): del mismo modo en que en algunos juegos el triunfo de un jugador no supone la derrota de los demás jugadores, la vida nos enseña que de la acumulación de juegos nace la complejidad social y la globalización. Citando a Wright, si la implacable lógica de juegos señalaba desde los orígenes del hombre hacia el actual presente, el Destino desafía al caos del Universo con una prueba de imaginación: «El destino de nuestra especie es elegir... Como protagonistas que somos, no podemos eludir sus consecuencias».

Si el azar es el principio generador del Universo, la relación es su principio organizador. Y a escala cuántica, todo está interconectado con todo. Cuando decimos «nada ocurre por casualidad», es decir, cuando buscamos siempre la razón causa-efecto en todo, estamos negando las conexiones cuánticas, nos volvemos ciegos a los hechos sincrónicos. En realidad todo ocurre por casualidad; salvo las leyes de la termodinámica y poco más, casi todo ocurre por casualidad. El azar es el verdadero motor de la vida. Si conectamos con el azar, con las casualidades, conectamos con el poder generativo del Universo y formamos parte de su despliegue ilimitado.

Los Elegidos del Destino, los *Aristoi*, según el término creado por Heráclito, son personas normales, no son seres sobrenaturales, pero han forjado su modo de pensar para que genere los beneficios que pueden convertir una vida resignada en el alto designio al que todos estamos llamados. Recuerda las palabras de Jesús: «son muchos los llamados, pero pocos los elegidos». La Imaginación Activa, ese modo de pensar *sincrónico* ideado por Jung en los últimos años de su vida, se sustenta en tres cualidades principales que te resumiré a continuación. No se trata de dogmas, sino de actitudes ante la existencia cotidiana.

Sentido y significado

La vida ha de vivirse con significado; de otro modo, se convierte en un penoso sinsentido. Lo dijo Carl Jung: «Podemos soportar mucho dolor, mucho más del que podemos merecer o del que podemos considerarnos capaces de soportar; no obstante, no hay mayor dolor que tener una vida sin sentido». Hemos de formar parte del Orden Implicado, dejarnos llevar por él, pero al mismo tiempo manteniendo un fuerte compromiso personal, pues todos tenemos un Destino que cumplir. El hecho de asumir un compromiso para construir nuestro futuro, por paradójico que parezca, es lo que nos hace libres del determinismo. Según Martin Buber, «la libertad y el destino están solemnemente prometidos el uno al otro y ligados por el significado». La clave radica en encontrar el significado, permanecer atento a las pistas y señales *casuales* que se nos ofrecen.

Ajustar el módem

El budismo dice que hemos de sacrificar el Yo y dejarnos sostener por el Tao. Jung decía que el Yo ha de morir para que podamos renacer convertidos en el Sí Mismo. El Yo es una emanación de nuestra mente, un espejo enfocado a otro espejo. La imagen que se refleja parece infinita, pero no es más que una ilusión óptica; de hecho, se trata de un espejismo. El Yo no es nuestra verdadera naturaleza, la que conecta con el Orden Implicado o Inconsciente Colectivo. El Yo no es más que donde colgamos nuestra máscara social cotidiana (el Arquetipo), el rol con el que jugamos nuestro papel en el Juego de la Vida.

Para desplegar con eficacia la Imaginación Activa hemos de sufrir un proceso previo de limpieza de los sentidos y la percepción, superar los filtros que se acumulan en nuestra verdadera identidad. Carl Jung opinaba que la persona está dividida entre ambos citados espejos, entre su Yo y la percepción de su Yo, y lamentaba que vivimos despegados del poder generativo del Universo, desconectados del Inconsciente Colectivo donde radican las respuestas y soluciones a todo lo que deseamos y necesitamos.

En términos actuales, somos como un módem estropeado que no logra entablar contacto entre la línea telefónica, Internet y nuestro ordenador. Jung creía que esta desconexión era una especie de esquizofrenia, de bifurcación de entidades entre nuestro Yo subconsciente y nuestro Yo consciente.

Enfrentarse a la Sombra

Las personas hemos convertido a nuestro subconsciente en una caverna oscura donde arrinconamos los Arquetipos con que disfrazamos nuestra personalidad, nuestras más horribles caretas. Esa suma de Arquetipos desechados crea finalmente lo que Jung denomina la Sombra, que se alza tenebrosa en nuestro interior, como si fuese un monstruo, mejor dicho, un Leviatán que nos acosa y convierte nuestra vida en un infierno. Hermann Hesse lo definió como Daimon (demonio). Pero la Sombra no es un ente con vida propia, sino una acumulación de viejos espectros (roles finiquitados) todavía no superados, que viven en nuestro interior como muertos vivientes,[23] como parásitos psíquicos, precisamente alimentados por nuestro rechazo y nuestro miedo.

Los fantasmas aúllan en nuestro interior, nos atemorizan porque pensamos que son entidades malignas independientes, pero lo cierto es que son facetas ocultas de nuestra personalidad que todavía no hemos resuelto. Sin embargo, aquello que ocultamos termina por reflotar y complicarnos la existencia, impidiéndonos el avance. Ya lo dijo Jung: «Cuando no se toma conciencia de una situación interna, ésta sucede fuera como destino».

Por eso él proponía derrotar a la Sombra enfrentándose al temor que nos causa mediante un combate arquetípico, el Héroe contra el Dragón, al igual que en las antiguas leyendas caballerescas; Sigfrido contra el Leviatán. Recordemos de nuevo la frase de Jung que ya consigné al principio: «Cada uno de nosotros proyecta una sombra tanto más oscura y compacta cuanto menos encarnada se halle en nuestra vida consciente. Esta sombra constituye, a todos los efectos, un impedimento inconsciente que malogra nuestras mejores intenciones».

23. La obra más enigmática de Jung, *Siete sermones a los muertos*, se refiere a los Arquetipos que pretendemos ocultar.

¿Cómo se derrota la Sombra? Es muy difícil porque, al estar dentro de nosotros, no la vemos. Para ello, Jung creó su especial método de Individuación y lo explicó mediante un paralelismo con los antiguos ritos iniciáticos de las sociedades herméticas. Según Jung, «En la iniciación se pide al novicio que abandone toda ambición intencionada y todo deseo y se someta a la prueba, tiene que estar dispuesto a sufrir esa prueba sin esperanza de triunfo, de hecho tiene que estar dispuesto a morir, y aunque la señal representativa de esa prueba puede ser moderada o muy dolorosa, la intención es siempre la misma: crear la sensación simbólica de la muerte, de la que surgirá la sensación simbólica del renacimiento».

Crear el futuro

Al interpretar la realidad que nos rodea le conferimos significado, y al hacerlo alteramos nuestra relación con el futuro. Como dijo Alan Kay,[24] «la mejor manera de pronosticar el futuro es crearlo». Esto es precisamente lo que hacen los oráculos, si se saben interpretar. Ya que el significado de un oráculo radica en la persona que lo recibe, y no en quien lo emite; al igual que el significado ante un hecho sincrónico no es universal, sino individual. Dicho de otro modo: el significado que cada cual le da a lo que le sucede determina su destino. Gracias al poder de la Imaginación Activa, diseñamos el futuro sobre la marcha, adelantándonos a los acontecimientos porque somos nosotros mismos quienes los materializamos por delante del tiempo, tal como infirió Carl Jung cuando estudió la Teoría de la Relatividad de Einstein.

¿Y qué pasa con los que no crean en ello? Nada, esto no es una religión, no se necesita creer, sólo cambiar de actitud; eso cualquiera puede hacerlo sin recurrir a la fe. El acto de voluntad consciente que significa la Imaginación Activa materializa una capacidad física que ya radica en el procesador de aleatoriedad que todos tenemos en nuestro cerebro en conexión con el sistema nervioso. Aunque no lo sepamos, aunque no nos demos cuenta de ello, aunque incluso nos neguemos a creerlo, ya estamos creando nuestro futuro. Pero es un futuro inconcluso, inestable, descoordinado del despliegue generador del Universo; damos palos de ciego y nos fatigamos sin entender nada.

24. Alan Kay: matemático y biólogo molecular. Uno de los pioneros de Internet y experto en informática.

Los budistas llaman a este acto de creación del futuro entrar en la corriente de voliciones. Con las técnicas de meditación, como el zen, afinan su mente y su sistema nervioso para que conecte de manera automática y sin esfuerzo con el Dharma o Inconsciente Colectivo, de donde extraen de forma subconsciente todas las respuestas que les conducen a donde desean enfocar su vida. La Imaginación Activa acciona un pensamiento muy específico y concentrado que *aletea* en el Orden Implicado y reordena el azar en nuestro beneficio. Pero si estamos en medio de las turbulencias de la vida, no será fácil ponerse a pensar en las interesantes pero complejas teorías de Jung, lo que se necesita es una respuesta inmediata para salir del torbellino. La respuesta está en ti, en tu mente subconsciente. Como dijo David Bohm, el célebre experto en física cuántica, «el pensamiento crea el mundo y después nos dice: yo no he sido».

Cómo pasar de gusano a mariposa

La imaginación es una de las más altas cualidades exclusivamente humanas; se activa mediante una especial manera de pensar y nos hace trascender, nos hace abandonar la prisión de nuestra crisálida y evolucionar de gusano a mariposa. La Imaginación Activa creada por Jung no es una técnica ni una terapia, sino una condición natural que habita en todos nosotros. Nos hace potencialmente libres, dueños y señores de nuestro Destino. La imaginación, consciente y controlada, es capaz de cambiar la vida de una persona en un corto período de tiempo, pues forma parte de la inteligencia evolutiva de la humanidad. Está en la naturaleza humana usar el pensamiento generador de posibilidades para superarse y alcanzar toda la felicidad a la que aspiramos. Sin embargo, lo que nos diferencia en la consecución de dicha felicidad es que unas personas piensan de manera más acertada que otras.

No es cuestión de capacidad mental, no se trata de inteligencia, ni de genética o determinantes externos, como la formación o la condición social, sino de aprender cómo funcionan nuestros propios mecanismos internos. A lo largo de la Historia, una persona ha tenido una idea, un vislumbre, una intuición, una corazonada, un simple pensamiento aislado que parece surgido de la nada, que ha cambiado la existencia de miles de semejantes. La sociedad necesita más de este tipo de mentalidad generativa, capaz de transformar el mundo. Todos pueden y deben aspirar a convertirse en una de tales personas.

Activando la magia

La Imaginación Activa fue estudiada y evolucionada por Jung como culminación para los Elegidos, tras pasar por la prueba iniciática final. Es un poder físico, similar a la magia mitológica, pero tiene su explicación en el mundo de la cibernética, la física cuántica y la psicología cognitiva. El despliegue de la Imaginación Activa es un poderoso chispazo mental capaz de materializar una nueva realidad. Ese chispazo necesita de una actitud y una mente propicia para incubarse y activarse de la manera adecuada.

En la mayoría de las personas dicha facultad está desajustada, atrofiada por la falta de uso; y, sobre todo, condicionada negativamente por el Arquetipo inadecuado. Se trata de una condición natural, sólo que no la usamos y ni siquiera la conocemos. Insisto además en que la Imaginación Activa no es ningún tipo de pensamiento positivo ni ninguna otra técnica similar; es un rasgo de la conciencia, se basa en asumir una especial disposición personal en la que se involucra el tiempo, la intensidad emocional, tu propio ideal de futuro y sobre todo la conexión en tiempo real con el Orden Implicado del Universo o Inconsciente Colectivo. Para controlar este poder latente te hará falta modificar antes tu actitud ante la vida, es decir, cambiar tu actual Arquetipo por otro más adecuado a lo que pretendes lograr. Pero antes has de familiarizarte con los principios básicos de esta forma de pensar de manera generadora, porque no basta con desear lo que se quiere para que se materialice, como afirman algunos libros de autoayuda.

Deseo y realidad

El deseo no es suficiente, hace falta crear las condiciones propicias en nuestra actitud personal y en el entorno. Como dijo Antoine de Saint-Exupéry, «en la vida no hay soluciones, sino fuerzas en marcha; es preciso crearlas, y las soluciones vienen». Así que desengáñate, los cambios importantes, profundos y duraderos no llegan de la noche a la mañana, sino a lo largo y sobre todo al final de un proceso de iniciación que prepara a la persona para asumir su nuevo papel activo en el mundo. Las claves de que te hablo, descubiertas entre las investigaciones secretas de Carl Jung, pueden colocar a cualquiera que las cumpla a las puertas de su propio proceso de transformación.

La mayoría de los cambios verdaderamente sustanciales de la persona ocurren por *casualidad*, no cuando se buscan. Todo ocurre por azar. Pero la semilla ha de caer en tierra fértil, como dice la parábola bíblica. La cantidad de semillas que te tocan en el reparto no depende de ti, pero sembrarlas debidamente, regar la tierra y quitar las malas hierbas cuando surgen, sí. Sólo leer o escuchar buenos argumentos no conduce a nadie muy lejos, por eso muchos libros de autoayuda y cursos de excelencia profesional no sirven para nada, salvo para pasar un buen rato y que te inflen el ego. Pero no te dicen que para cambiar has de adoptar otro Arquetipo. Para controlar el Destino verdaderamente hay que pasar a la acción y experimentar con la realidad; entrar en el Juego de la Vida con el rol adecuado y atreverse a jugar acarreando con todas las consecuencias.

¿POR QUÉ NOS CUESTA CAMBIAR?

¿Por qué nos cuesta tanto cambiar los hábitos y las pautas que nos impiden alzar el vuelo y pasar de gusano a mariposa? Porque nos hemos encadenado a nuestro viejo Arquetipo y no sabemos trascender a otro superior y más generativo; no evolucionamos. De hecho, ni siquiera creemos en que podamos evolucionar. «Uno es como es», decimos, sin darnos cuenta de que nosotros no somos el programa, sino el programador, y podemos cambiar de programa (de *software*) cuando lo deseemos.

Cuando tenemos problemas acudimos a un terapeuta, a un curso, a un vidente o leemos un libro de autoayuda, pero no hacemos nada, no cambiamos de Arquetipo, lo único verdaderamente determinante para jugar de otro modo; escuchamos, leemos y nos quedamos como estábamos. ¿Por qué sucede así? Muy sencillo: porque si luego no funciona, le podemos echar la culpa al terapeuta, al conferenciante o al libro, en lugar de a nosotros mismos. Nos horroriza cambiar, dar un paso fuera de nuestras costumbres; entendemos, reflexionamos sobre los conceptos, incluso sabemos lo que tendríamos que hacer para mejorar, pero preferimos quedarnos tumbados o protestando de que la vida no nos da lo que merecemos, mientras nos lamentamos de que otros tienen justamente aquello que nosotros deseamos.

Y esa idea nociva es la que nos encadena a un futuro limitado y predestinado. Así no es raro que cuando a una persona le lean por ejemplo el Tarot, el tarotista se lo adivine casi todo; porque está predestinado por voluntad propia. Una persona así es tan predecible que cualquier oráculo *ve* inmediatamente la estimación de probabilidades. Sin embargo, en cada uno de nosotros radica el poder de transformar la realidad virtual que suponen sus mayores sueños en realidad *real*. En el Juego de la Vida todo es posible, es como el reino de la magia de Harry Potter.

Pensar con el corazón

La metamorfosis necesaria para cambiar de gusano a mariposa o de sapo a príncipe es un acto de imaginación. Pero la imaginación es real, no como actualmente se cree. La imaginación es una fuerza de incalculables consecuencias, un mero pensamiento puede transformar el mundo para bien y para mal. Sin embargo, para que tenga efectos físicos, esta fuerza debe materializarse, no basta con el pensamiento, la imaginación debe *activarse*. La realidad no debe conceptuarse sino vivirse. Por eso dijo Jung que «la vida no vivida es una enfermedad de la que se puede morir». En resumen, lo que no existe (la irrealidad, lo virtual, lo que deseamos) debe pensarse para que exista. Debe imaginarse (convertirse en imágenes).

El pensamiento (la lógica, la razón, el conocimiento...) no moviliza los ejes cuánticos que cambian la realidad material. El sentimiento sí. Y el sentimiento (no las emociones) proviene de lo imaginado gracias al mandato de la Conciencia. Se crea en el corazón y en la mente. Si el corazón y la mente permanecen limpios y ajustados, todo lo que entra en la conciencia se convierte en algo bueno para la persona. Si ponemos el corazón en todo cuanto hacemos, entonces nuestra mente es nuestro corazón, y cualquier cosa es posible.

La Imaginación Activa no es algo pasivo, no tiene que ver con el sueño, con la fantasía o con la meditación trascendental. Debe integrarse en la vida cotidiana y cultivarse, conjugando aptitud y actitud. La Imaginación Activa polariza la realidad positivamente, es un atractor cuántico, y el único factor natural sobre el que una persona puede incidir para ejercer control sobre su vida. La imaginación no es *pensamiento*, se parece más bien a la fe; es una toma de conciencia. Creer es crear. La Imaginación Activa es pensar con el corazón.

Hay que precisar que el sentimiento no es lo mismo que el deseo. El sentimiento es el dolor, el humor... El deseo, en cambio, es una proyección de la mente. Las emociones son sentimientos menores, contagiados de deseo. El sentimiento puede modificarse mediante la Imaginación Activa, es un acto de volición (voluntario), por eso incide en la realidad. El deseo lo crea la mente, es un acto reflejo, involuntario. No modifica el entorno de la persona, sólo a la persona; la arrastra de un lado a otro, sacándola de su verdadero camino.

Las fiestas dionisiacas griegas intentaban suspender temporalmente la razón para que se manifestase el poderoso acto creativo de la conciencia en estado puro, el zen y algunas drogas también. Jung creó la Imaginación Activa tomando como base la Alquimia, para que las personas dominen su vida creando actos imaginativos y proyectando sobre el Quantum sentimientos generativos de progreso y bondad para todas las criaturas.

INDIVIDUACIÓN

Así se forma un Mago

El proceso iniciático ideado por Carl Jung para los miembros Elegidos se llamaba Individuación. Básicamente consiste en configurar el Arquetipo de Héroe, con el que la persona iniciada se enfrentará en adelante a su nuevo Destino, forjándose en el dominio de su conciencia y alejándose de la estupidez colectiva y la sociedad masificada. La crisálida sufre así su metamorfosis antes de transformarse en mariposa y desplegar el vuelo cuántico de la mente, el Efecto Mariposa. Para Jung, en el mundo de masas en que se ha convertido el planeta gracias a los medios de comunicación, son necesarias *individuaciones* fuertes que lo equilibren.

La obra más mística, polémica e incomprendida de Carl Jung es los *Siete sermones a los muertos*, editada en 1925, aunque sin firma, por lo que algunos dudaron al principio de su autenticidad. Fue después de morir cuando, al publicarse póstumamente sus *Memorias*, se confirmó que Jung escribió los *Sermones* como si fuese un médium, ya que según él mismo reconoce, la obra le fue dictada desde el *más allá* (el Inconsciente Colectivo) por un Avatar, bajo una gran tensión emocional que le hizo sufrir estados alterados de conciencia. Los psiquiatras junguianos no consideran *seria* esta obra, demasiado obtusa, simbolista y alegórica. Sin embargo, los *Sermones* explican en clave el proceso de Individuación, similar a la experiencia de la iluminación budista o el proceso de muerte y renacimiento de los antiguos gnósticos. En uno de sus párrafos, Jung indica:

> *Morimos hasta el punto en que no logramos discriminar. Por esta razón el impulso natural del ser creado está dirigido hacia*

> *la diferenciación y hacia la lucha contra el antiguo y pernicioso estado de igualdad. La tendencia natural se llama* Principium Individuationis *(Principio de Individuación). Este principio, en efecto, es la esencia de todo ser creado. En estas cosas podéis reconocer sin dificultad por qué el principio no diferenciado y la falta de discriminación son un gran peligro para los seres creados. Por ello, debemos ser capaces de distinguir las cualidades del Pleroma. Estas cualidades son los Pares de Opuestos, tales como: lo efectivo y lo no efectivo, la plenitud y la vacuidad, lo vivo y lo muerto, la diferencia y la igualdad, la luz y la sombra, lo caliente y lo frío, la energía y la materia, el tiempo y el espacio, lo bueno y lo malo, lo bello y lo feo, la unidad y la multitud..., y así sucesivamente. Los pares de opuestos son las cualidades del Pleroma; en realidad, también son inexistentes pues se eliminan mutuamente.*

La mayoría de las personas prudentes se vuelven justo a un paso del umbral de la cámara de los tesoros; quién sabe si por miedo a convertir en realidad sus mayores sueños. El miedo al éxito es muy real, bien lo saben los deportistas de alta competición. Pero si de verdad deseas cambiar tu vida, hacer algo grande con ella, conquistar la felicidad que te corresponde por principio, y aspirar a que se te revele el alto Destino personal y profesional que puedes y debes alcanzar con los talentos que se te han dado, he aquí tu oportunidad de convertirlo en realidad.

Suerte o probabilidad

Dicen que, si deseamos algo con mucha fuerza, lo terminamos por conseguir. Pero eso no es verdad. Los deseos no constituyen suficiente poder para causar un cambio sustancial. Una persona necesita involucrarse conscientemente con el Juego de la Vida. Recuerda: se crea lo que se cree. Por ejemplo, sólo con que alguien desee ardientemente que le toque la lotería, eso no sucederá.

El azar no se deja influir por el deseo, la lotería es un juego matemático y aleatorio en el que influye el cálculo de probabilidades, no el deseo. Cuanto más juegue uno, más posibilidades tiene de que le toque (lo desee o no), aunque tampoco puede calcular cuántas veces ha de jugar para obtener un resultado que le compense del dinero invertido. Es decir, sí se podría computar, pero todavía no existe un ordenador tan potente capaz de realizar tal predicción. De modo que, en definitiva, si alguien quiere ganar en los juegos de azar, no tiene más remedio que confiar en la suerte.

¿Pero sólo en la suerte? Calcula cuántas personas confían en ella y eso tampoco les garantiza que su deseo de ganar se cumplirá. Además, la suerte es caprichosa, injusta. Quizá por eso a unos les favorece varias veces en la vida y a otros ninguna. No tenemos la respuesta porque no comprendemos cómo funciona el Orden Implicado que genera el caos del Universo. No entendemos lo aleatorio; nuestra cultura, educación lógica y racional, incluso nuestra moral religiosa nos dicen que lo bueno les sucede a los que se lo merecen y lo malo a los que se lo buscan. Pero luego vemos que en realidad no es así.

El cálculo de probabilidad muestra que la suerte es una construcción mental. Lo que hay tras lo que llamamos suerte es la conciencia, y eso coincide con lo que también opina el budismo. Un nivel de conciencia muy expandido puede causar efectos o hechos inexistentes, mediante actos de volición, aunque no sabemos cómo funciona; a veces causamos magia, sin que seamos conscientes de cómo lo hacemos. Hemos de aprender el funcionamiento de la magia antes de disponernos a utilizarla, como lo hace Harry Potter. ¿Pero a qué magia me refiero?

En su teoría sobre la Sincronicidad, Carl Jung dice al respecto que los juegos de ganar o perder son métodos de precognición y conducen a actos creativos individuales. Es decir, del azar surge la creación de nuevas posibilidades, y no al revés. Nunca podemos controlar el azar desde nuestro Yo consciente, pero sí podemos actuar sobre nuestra conciencia. Dicho de otro modo: nosotros no tenemos suerte, sino que la suerte nos tiene a nosotros. Por eso, como apunta el Tao, no se debe «cortejar la pérdida», sino la ganancia; creer en la posibilidad de hacer esa magia transformadora. He ahí el primer paso.

¿Cuál es el primer error? Creer en la suerte es creer en dos posibilidades: una dice que podemos ganar y la otra que podemos perder. Dicha creencia «corteja» la pérdida, porque según la filosofía taoísta, el seguidor del Tao siempre gana. En cambio, quien no sigue el Tao puede ganar o perder, se pone a expensas del azar. La Sincronicidad elimina la polaridad de lo binario, *randomiza*, elige la opción más adecuada para cada uno de nosotros, es infalible, no puede fallar, se produce de manera subconsciente.

Tú eres tu futuro

Por eso en lugar de la suerte debemos buscar otra cosa: la esencia, la verdad que subyace a la mecánica con la que funciona la expansión generadora del Universo; ésa es la magia de la que hablaba Jung. Lo que ocurre es que la mayoría de las personas no vemos el camino que hemos de seguir porque nosotros mismos somos el camino; pensamos que no cabemos en los designios del futuro, cuando resulta que nosotros mismos somos el futuro. La suerte no se *tiene*, no es algo externo; en último extremo, todo es azar, casualidad, aleatoriedad, nosotros incluidos; nosotros mismos somos la suerte que siempre andamos buscando y por eso casi nunca (o nunca) encontramos.

Como aconseja el taoísmo, hay que mirar hacia dentro, no hacia fuera. El tesoro que buscamos está en nuestro interior, eso sí, guardado por una legión de fantasmas (la Sombra) que podemos vencer adoptando el Arquetipo del Héroe. Quien se conforma con una *suerte* efímera y a corto plazo se arriesga a dilapidar su vida en pos de pequeñas compensaciones que nunca terminarán de satisfacerle. De hecho, la experiencia ha demostrado que a la inmensa mayoría de los que les toca un gran premio en los juegos de azar continúan con sus mismas pautas vitales y casi nunca son más felices que antes; al contrario, muchos acaban peor de lo que estaban. Para conquistar la auténtica felicidad, el ser humano ha de aspirar a encontrar la gran verdad, luchar por lo máximo que puede llegar a ser, eso es lo único que le permitirá morir satisfecho cuando le llegue la hora, habiendo sido dueño de sí mismo y de su Destino. Eso es lo que quiso mostrar Jesucristo cuando dijo: «la verdad os hará libres». No en vano, Jesucristo encarna para Jung el más perfecto ideal arquetípico del Héroe.

Materializando el destino

Son expectativas muy altas, pero tenemos que ser ambiciosos, disponemos de un inmenso poder creativo y transformador que radica en el interior de nuestra conciencia. La Individuación creada por Jung culmina con el dominio del Efecto Mariposa y es un proceso de búsqueda de la verdad, ese tesoro de inmenso potencial generativo que hay dentro de cada persona esperando ser utilizado. Es la verdad original que mueve el mundo, la chispa que genera la existencia de todo, el Santo Grial que convierte los sueños en realidad, el polarizador mental que transforma lo imaginado en realidad.

El procesador de aleatoriedad que llevamos dentro es la suerte en sí mismo. Un solo aleteo de nuestro atractor cuántico puede cambiarlo todo y reconfigurar nuestra vida por entero. Nuestro Destino, por grande que sea, no es más que una probabilidad a punto de suceder. Ese aleteo de la imaginación, ese *vuelo de la mente*, no es un culto, una doctrina religiosa o una técnica mental, sino un hecho científico, tan natural como demostrable. Para Carl Jung y Wolfgang Pauli significaba la diferencia entre los sueños y la realidad, la auténtica verdad que espera materializarse con un acto nuestro de voluntad consciente. Para llevarlo a cabo, Jung trabajó durante los últimos años de su vida en lo que llamó para definirlo Imaginación Activa.

Qué es la Imaginación Activa

En 1959, Marie-Louise von Franz, la conocida discípula de Jung, impartió en Zúrich una conferencia donde se hablaba por primera vez de la más misteriosa de las teorías del gran psicólogo suizo: la Imaginación Activa. La psiquiatra comparó dicha teoría con la Alquimia árabe; de hecho, así se titulaba la conferencia. En ella resumió la esencia de la Imaginación Activa con estas palabras: «consiste en hacer una fantasía referente a un impulso cuando uno se enfrenta con él». Uno debe preguntar a su *Sophia* (Sabiduría) interior, y no intentar resolver el problema racionalmente, sino fantaseando.

Con estas premisas, no es raro que el método de la Imaginación Activa haya quedado tan relegado que casi nadie ha oído hablar de él en relación con Jung. Fantasear no es algo para lo que nos hayan preparado desde niños, al contrario. Hemos sido educados para erradicar los *pájaros de la cabeza*, para razonar más que para imaginar. Por eso nos cuesta reproducir la película de lo que deseamos resolver o conseguir en la mente, la simple propuesta nos parece una tontería o cuando menos una cosa demasiado artificiosa.

Podemos asimilar lo que supone imaginar, pero nos cuesta mucho más entregarnos a la fantasía. Sin embargo, la fantasía, cuya raíz es la misma que la de *fantasma*, es un rasgo propio de la mente, superior a la imaginación. Fantasear es crear una realidad que no existe y proyectarla al exterior; los fantasmas son reales, pero al no creer en ellos, no los vemos. El mundo imaginario de los niños, que los adultos cercenan cuanto antes, les hace ver y sentir muchas facetas de la realidad. La imaginación nos transforma, nos hace trascender las limitaciones que nos hemos impuesto con la lógica y la razón.

El peso fantasma

Existe una fábula hindú que lo ejemplifica. Para impedir que los elefantes pasen de determinada línea, cuando son pequeños se les ata por una pata a un pesado tronco. El animal no pude arrastrarlo y al final aprende su incapacidad de ir más allá. Cuando es adulto, el cuidador de elefantes ni siquiera se molesta en cambiar el tronco, que a estas alturas el animal podría arrastrar como una brizna de paja. Sencillamente, el aprendizaje de la incapacidad ha dado resultado y ya no se plantea que pueda ir más allá. La mayoría de las personas van por la vida como elefantes adultos encadenados a un tronco que no existe más que en su mente; es un tronco *fantasma*.

Y puesto que los fantasmas de la mente nos impiden lograr lo que deseamos, el único antídoto que los elimina es dejar de creer en ellos. Pero eso no se hace con la razón ni la lógica, sino también con la fantasía. Fantaseando las posibilidades, éstas se materializan. No se trata de soñar despiertos. La Imaginación Activa no es un simple pensamiento, es una proyección de una realidad paralela que se *cuece* lentamente en la conciencia, día a día, con la mayor fe posible (sólo quien cree, crea), y que al final logra cambiar el entorno material de la persona. La Imaginación Activa es una forma guiada de pensamiento que suscita en la mente algo así como una película controlada, dirigida por nosotros mismos para que llegue un final predeterminado, el que deseamos.

La ensoñación consciente

Jung quería crear un método terapéutico y revitalizador con el fin de ayudar a las personas en su proceso para alcanzar su meta, y desarrolló un sistema de pensamiento basado en la *Imaginatio vera et no phantastica* de la Alquimia. La Imaginación Activa es como una experiencia onírica consciente que se mantiene mientras estamos despiertos, es una recreación constante y desde todos los ángulos posibles, con la mayor viveza (tal como sucede en algunos sueños) de la realidad a la que aspiramos.

Este proceso de ensoñación lo hacemos de manera natural cuando somos niños, pero la educación y la sociedad lo interrumpen y lo erradican, sustituyéndolo por un cúmulo de normas impuestas, la reflexión lógica y la razón. A menudo nos dicen que está mal *soñar despiertos*, cuando la verdad es que tales hábitos son perfectamente naturales y deseables; se trata de una estrategia de pensamiento que nos mantiene enfocados a nuestras aspiraciones de manera casi subconsciente. Los adultos hemos olvidado tan poderoso hábito de pensamiento, y ahora debemos aprenderlo de nuevo.

Deberíamos ser capaces de mantener la Imaginación Activa mientras realizamos otras tareas que no requieran demasiada atención consciente, como por ejemplo durante un largo paseo. De hecho, la mejor forma de activar esta facultad mental es combinándola con el ejercicio físico. Esto no está lejos de las disciplinas meditativas orientales, tales como el zen y las artes marciales. Tal como dijo Jung sobre el zen, «es una experiencia de transformación. No es algo que se ve, sino que te hace ver diferente». Para él, gran estudioso del taoísmo y el budismo, el zen y su psicología analítica eran similares, basados ambos en la *transformación* y en la *desaparición del Yo*. Pero añade que «su práctica es muy problemática para los occidentales». Por ello creó su proceso de Individuación, como un método de *iluminación* más acorde con la mentalidad occidental.

Tiempo e intensidad

Como todo proceso físico, la Imaginación Activa necesita tiempo para activarse. No se puede mensurar fácilmente cuánto, pues depende de la intensidad, del Arquetipo con el que se protagoniza la *película* de la mente o del objetivo de cada cual, pero la mejor manera de obtener resultados es acotar la Imaginación Activa en un período de tiempo determinado, durante el cual la intensidad pueda mantenerse elevada al máximo. O sea, más vale poco tiempo y mucha intensidad que mucho tiempo y baja intensidad.

Lo mejor son los ciclos de tres en tres, dependiendo de los objetivos que se desean alcanzar. La ensoñación guiada, como principio de entrenamiento, puede durar tres días, y luego, con el fin de que la mente no se fatigue y nuestra parte racional comience a rechazarla, cambiar a una nueva ensoñación. Luego, puedes sostenerla durante tres semanas, aprendiendo a integrarla en todo este tiempo como si fuese un hecho natural. Que lo es. Es decir, has de reaprender a *soñar despierto*.

Los resultados importantes se logran con períodos de tiempo de al menos tres meses. En realidad, cuando se tiene el entrenamiento y el hábito adecuado para imaginar generativamente, la Imaginación Activa comienza a dar frutos a mitad de un período de tres meses, y suele generar todos los resultados una vez transcurrido ese tiempo, en el que dura, por así decirlo, la incubación del chispazo que modifica la realidad. Tres meses pueden cambiar para siempre la vida de una persona.

Pero insisto en que para que la magia se ponga a nuestra disposición hemos de creer en ella, confiar en el despliegue generador del Universo, plegarnos a él como los taoístas al Tao. Esa convicción es difícil si no se cambia de Arquetipo, porque las creencias y los deseos son emanaciones particulares de un determinado Yo. El Yo determina lo que somos de manera externa, es el Arquetipo con el que vivimos el Juego de la Vida. Cambiar de hábitos mentales de manera intensa, continuada y sostenida en un período de tres meses supone un esfuerzo descomunal para muchos. A muchos les flaquean las fuerzas, como al fumador que quiere dejar el tabaco. Sin embargo, merece la pena continuar, porque al final del camino está el tesoro que anhelamos.

La Sombra custodia el tesoro

Los malos hábitos de pensamiento intentan conducirnos por los caminos trillados, caminos que no conducen a ningún tesoro. Por eso el *Elegido* persevera en completar su alquimia interior, se deja llevar por esa fantasía transitoria de la ensoñación consciente de su *película* ideal, mantiene la fe en el proceso, pase lo que pase durante la prueba, incluso aunque se le presenten los fantasmas interiores (la Sombra) para impedirle seguir adelante. Pero si se persevera, comienzan a producirse hechos sincrónicos que demuestran que estamos en el camino. Se trata de un pacto con nosotros mismos, y en realidad nadie puede romperlo salvo nuestra falta de fe. Nosotros somos nuestro principal aliado y nuestro principal enemigo.

La Sombra, nuestro anti–Yo subconsciente, custodia el tesoro que buscamos para ser felices. Adopta formas tan terroríficas que escapamos corriendo en dirección opuesta, sin saber que estamos huyendo de nuestra propia sombra. Sin embargo, como aclaró Jung, la Sombra es tan necesaria como el Yo para la evolución del ser humano; no debe considerarse un enemigo. El Yo es lo que creo que soy, mi certidumbre; la Sombra es lo que creo que no soy, pero es al mismo tiempo el potencial que nos impulsa a mayores conquistas vitales.

El Yo puede ser perezoso y conformista, la Sombra no. Es una fuerza tremenda, que puede impulsarnos o destruirnos, si le dejamos hacerlo.

Pero somos unos ineptos, porque en lugar de utilizar dicha fuerza, nos dejamos arrastrar por ella a sus abismos virtuales, chillamos muertos de miedo, y al hacerlo creamos los fantasmas de nuestra mente. Ya hemos visto que no existen, nosotros les damos vida con nuestro miedo. Para ser un *Elegido* hemos de comprender que el verdadero motivo de temor no es la Sombra, sino nuestro miedo hacia ella.

Controlar el miedo

La Sombra la creamos nosotros con nuestra luz, no es ajena a nuestra vida, sino parte integrante de ella. No puede erradicarse, porque toda luz proyecta sombra, y cuanto más intensa es la luz más negra es la sombra. La Sombra no debe destruirse, sino controlarse, dominarse. Tal es el Arquetipo que simboliza el arcángel San Gabriel dominando el demonio vencido a sus pies. De hecho, Lucifer significa el portador de la luz (*Lux Pherens*), es el ángel de la luz caído por sucumbir a la sombra que su propia luz causa de manera totalmente natural. Nuestro cometido es vivir en la luz, pero integrando la sombra. El principal impedimento es el miedo.

El miedo es nuestro principal obstáculo en muchas facetas de la vida personal y profesional. En cuanto nos dejamos invadir por el miedo, sobreviene la desconfianza en nuestras propias posibilidades y estamos perdidos. Con miedo, las fuerzas mentales bajan de intensidad y uno se convierte en una persona predeterminada, incapaz de controlar su propia vida, a merced de todo y de todos, como tantos miles. El miedo se combate con el conocimiento de uno mismo, se ha de eliminar de raíz y sin recurrir a la lógica, pues el miedo no existe *materialmente*, es una proyección (un fantasma) de la mente, está fuera de toda lógica.

La Sombra y el Caos

La Sombra recurre a razones de mucho peso hipotético para desalentarnos siempre de seguir nuestros mayores sueños. Es curioso cómo el fumador *encuentra* razones para no dejar de fumar. Pero reconozco que es difícil escapar de los hábitos mentales negativos que alimentan a la Sombra. Porque su cometido es actuar de contrapunto a nuestro Yo, generar caos en nuestra mente, ya que el caos es el principio generador de todo. Sin caos seríamos seres determinados por nuestros instintos de supervivencia, estaríamos encadenados a las fuerzas evolutivas, y quizá habríamos desaparecido como tantas otras especies animales.

Sin esa continua tensión entre nuestro Yo consciente y nuestra Sombra subconsciente no habríamos evolucionado hasta estados mentales superiores para vencer el caos de la existencia. Seríamos seres reactivos como lo son los animales, carentes de imaginación, de nuestro deseo de un futuro ideal que nos atrae y nos hace crear, inventar, mejorar, evolucionar para superar el medio hostil en el que vivimos. El incomodo constante de la Sombra, la insatisfacción permanente del ser humano es la que le impulsa a alcanzar sus más altas metas.

El miedo es el Leviatán que duerme en nuestro interior. En cuanto alcanzamos una meta, antes de que comencemos a acomodarnos en ella, la Sombra comienza a esparcir sus dudas y a proyectar miedo. Pero no hemos de permitirle que lo haga, no hemos de consentir que nada nos hunda ni nos haga claudicar. Recuerda que todo es un juego, el Juego de la Vida, y que de nosotros depende cómo afrontarlo. Todo es virtual hasta que lo materializamos con nuestra conciencia. Así pues, materialicemos lo que deseamos, en lugar de lo que no deseamos.

EL ARQUETIPO TOTAL

Cómo ser el héroe de la película

La doctora Jacobi, una de las últimas alumnas de Carl Jung, definió el Arquetipo como «la estructura de la psiquis, un impulso determinado, la vestidura del instinto». Una vestidura. Un disfraz. No en vano, la vida es un baile de disfraces gigantesco, y ya Shakespeare calificó al mundo como el gran escenario. El Juego de la Vida es un escenario donde intervienen como roles los Arquetipos. Jung fue el primero en estudiar y catalogar los múltiples Arquetipos que las personas adoptan en circunstancias y momentos determinados a lo largo de su vida, y dedujo que el Arquetipo asumido condiciona las acciones de la persona, y por tanto predice sus pautas de comportamiento.

Más tarde, Lacan crearía su teoría sobre el Conductismo inspirado por el psicoanálisis junguiano, donde el estudio y las relaciones entre Arquetipos son tan importantes para liberar a la persona de sus complejos. Es una importante corriente psicológica que analiza el comportamiento de las personas a través de su conducta y los roles que asumen en determinadas situaciones. Esto mismo, trasladado a la literatura, se denomina *Behaviorismo*, y ha dado grandes novelas y obras teatrales. Es la conducta, como decía Lacan, lo que condiciona al ser humano. Y analizando la conducta de un personaje de ficción se sabe cuál es el rol que representa, igual que ocurre en la vida real.

El Arquetipo nos pauta

Según opinaba Jung, comportándose de un modo diferente se obtienen resultados diferentes, pero para ello es necesario asumir un nuevo Arquetipo, y él ya advirtió que todo cambio de Arquetipo despliega una enorme energía psíquica que puede dar origen a tormentosas reacciones emocionales. La vida es un juego, una obra de teatro, pero muy dura, cuya experiencia puede causar en muchas personas un terrible sufrimiento. Esto es lo que ocurre cuando se opera con el Arquetipo equivocado para el momento y las circunstancias. Y lo que es peor: muchos no saben cómo cambiarlo, ni siquiera saben que su vida está determinada por un Arquetipo de comportamiento tipificado, que les hace limitados y predecibles.

Los que tropiezan una y otra vez con la misma piedra es porque siempre actúan desde el mismo Arquetipo. Por ejemplo, algunas personas atraen siempre a parejas que no les convienen, desgastan su energía y pierden el tiempo con personas que al final son inadecuadas, pero no pueden dejar de atraerlas. El origen está en que dichas personas proyectan su Arquetipo al exterior y atraen con ello al rol opuesto correspondiente. Es inevitable, unos Arquetipos atraen o repelen a otros; de hecho, cada Arquetipo es una polarización psicológica; y como advirtió Jung en su teoría de la Individuación, toda polarización es un error que cometemos al encerrarnos en un determinismo absurdo que niega el libre albedrío que poseemos.

Arquetipos y Alquimia

Cada comportamiento humano depende de un Arquetipo determinado, debemos aprender a conocerlos mejor observándolos y catalogándolos, y una ayuda para ello es el Tarot, sus arcanos mayores, que sintetizan la mayoría de los roles con los que jugamos al Juego de la Vida. Pero los Arquetipos no sólo están presentes en el Tarot, que tanto estudió Jung. Una novela de calidad, una gran obra de teatro, al igual que una buena película muestran en la ficción los caracteres humanos. En el teatro o en el cine, cada actor asume su papel (su rol) y con él llega hasta el final. No hay posibilidad de cambio. El malo perece o pierde y el bueno vence, que es lo que el público desea finalmente, como reflejo de su propio deseo de victoria y ganancia.

La diferencia con las obras de ficción es que en el Juego de la Vida las personas tenemos la posibilidad de cambiar el papel asumido si no nos conviene. Eso es lo que sucede en los juegos de rol, a diferencia de lo que ocurre en el cine. Sin embargo, el cambio de un Arquetipo a otro no es fácil, requiere un gran esfuerzo; es una operación psíquica que necesita su tiempo, por ello es similar a un proceso iniciático de transformación que va preparando a la persona para tan alto destino final.

Carl Jung dedujo los distintos Arquetipos analizando los arcanos mayores del Tarot, pero comprendió sus cambios y modificaciones estudiando el simbolismo alegórico y las transmutaciones que se dan en la Alquimia, la antiquísima ciencia metamórfica de la materia. Jung pensaba que las personas también pueden transmutarse y metamorfosearse (de plomo en oro, de gusano en mariposa, de sapo en príncipe) y conseguir llegar más alto, convertir sus pensamientos, sentimientos y acciones inapropiadas en resultados superiores, en actos cumbre para beneficio de toda la humanidad.

Una persona así, como dijo Heráclito, vale por diez mil. Sin embargo, antes de conseguir este portentoso cambio es necesario pasar por la prueba iniciática de la Individuación. Tal como indican las gestas mitológicas, para merecer la mano de la bella princesa, encontrar un fabuloso tesoro o incluso el Santo Grial, es necesario matar al dragón. Dicho en términos de simbolismo junguiano, hay que vencer a la Sombra, que nos quiere manejar a toda hora como marionetas en sus manos. El *Elegido* se purifica mediante la actuación o participación en la prueba que le es consignada para que lleve a cabo su autorrealización. En los últimos pasos de dicha prueba aparece el Avatar que te coge de la mano y te guía hasta el examen final.

El Arquetipo de Héroe

El dominio consciente de las reglas del Juego de la Vida puede transformar tu existencia para siempre con nuevos valores vitales. Cuando practicamos la Imaginación Activa, somos más influyentes sobre el entorno, podemos decidir nuestro futuro y nuestro destino, obramos a cada paso generando nuevas posibilidades como por arte de magia. Pero, sobre todo, adquirimos más capacidad y responsabilidad social. En definitiva, la persona se convierte en un *Aristoi* (un noble de carácter espiritual), el único tipo de ser humano que merece la pena ser.

Todo *Elegido* ha de asumir el Arquetipo de Héroe, entrar en el Juego de la Vida con dicho rol, como una versión mejorada del Yo, un personaje de ficción creado por sí mismo. Alegóricamente, el Héroe es como un noble, un aristócrata, un tribuno (primero de la tribu), es quien se sacrifica por mejorar para cumplir con su Destino y su función social para sí mismo y para los demás; en una palabra: es un líder. Pero líder y triunfador no son sinónimos. Muchos manuales de liderazgo empresarial y *management* ensalzan al triunfador, llaman líder al triunfador, como si no hubiese otras metas en la vida más que las de triunfar a toda costa en el terreno material.

Guionista de la propia vida

¿Pero es que hay algo de malo en perseguir objetivos materiales? La respuesta es que lo material no se persigue; eso es lo que hacen las hormigas acumulando comida. Lo material es consecuencia del pensamiento consciente, no del esfuerzo físico ni siquiera de la inteligencia o la suerte. La finalidad del ser humano es crear el paraíso en la tierra, no acumular como las hormigas. Dicho metafóricamente, la máxima meta del Juego de la Vida no es ser un primer actor sino llegar a convertirse en el director, incluso en el guionista de la obra, superar los roles de los actores, desde el primero al último, desde los papeles secundarios a los protagonistas. El director (el Arquetipo del Mago, como logró serlo Jung), es quien verdaderamente controla el Destino, incluso a sí mismo, mediante el dominio del guión, reescribe su futuro; es lo que se llama Meta-Realidad. Eso es lo que quiso decir Hermann Hesse cuando escribió en su obra *El viaje a Oriente* que «los personajes de la ficción son más vivos y reales que sus mismos creadores».

Tienes que convertirte en lo máximo que puedes llegar a ser, no en una caricatura mediocre de ti mismo. Y para ello ten en cuenta que cualquier cosa que pensamos a lo largo del día está escribiendo nuestro futuro; por eso, has de acostumbrarte a ser más cuidadoso con el uso que le das a tu conciencia. En vez de ignorar lo que te pasa por la cabeza, comienza a vigilar tus pensamientos y tus sentimientos, eliminando los inapropiados, procurando mantener siempre una actitud generativa, posibilista, en lugar de reactiva o resignada. Aun sin ser plenamente consciente todavía, estarás dando tus primeros pasos en el Efecto Mariposa. Los resultados no tardarían en llegar. Y cuando lo hagan, será como la noche de estreno de tu nueva vida.

La vida: un juego virtual

En la simbólica narración de Hermann Hesse *El viaje a Oriente* encontrarás la siguiente frase: «la vida es bella y feliz precisamente cuando es esto: juego». Hemos de hacer de *nosotros mismos* un personaje más capacitado. O darnos cuenta del personaje que ya somos. Es una forma de interactuar con eso que llamamos *realidad*, adoptando un comportamiento y una actitud más generativa. Ese comportamiento superior es el Arquetipo de Héroe, un rol superior con el que triunfar en el Juego de la Vida.

Asumir un Arquetipo superior frente a las circunstancias externas sirve para no tener que identificarse con los problemas, con los contratiempos, con los hechos inesperados, con las limitaciones, con los errores, con la influencia de los demás... Nosotros no somos *nuestros problemas*, sino una identidad mucho más grande que todo eso, y que podemos dirigirnos a través de nuestro personaje, que nuestro Arquetipo puede y debe jugar con la inmensidad de posibilidades de la vida, y ser, en definitiva, como dijo Hesse: «más vivo y real» que nosotros mismos.

Una parábola cuenta la historia de un burro que se murió de hambre porque no logró decidirse a comer en uno de los dos montones de heno que tenía ante sí. Aunque nos parezca incomprensible para nuestra moderna mentalidad cartesiana, hay muchas cosas que la razón y la lógica no pueden resolver. Hemos de elegir mediante un acto de conciencia consciente. Es como el antiguo mito hebreo del Golem, que ahora podríamos asociarlo con el Ciborg.[25] ¿Disponemos de autoconciencia? ¿Somos robots cibernéticos realizados de materia orgánica? ¿O somos un programa ejecutándose en el potentísimo procesador informático llamado Dios por las religiones y *Matrix* por la ciencia ficción? Siendo así, nosotros mismos seríamos nuestro mejor Arquetipo. Pero para eso necesitamos saber cómo funciona nuestro programa de *randomización* personal, el programa maestro que nos puede hacer ganar en el Juego de la Vida.

Los dados de Dios

La cibernética ha sido capaz de explicar cómo funciona nuestro cerebro mejor que la psicología, incluso que la filosofía y las religiones. Teólogos, psicólogos y científicos han debatido durante siglos sobre la predestinación y el libre albedrío del ser humano. Los científicos modernos opinan

25. Ciborg: el término fue acuñado en 1960 por Manfred E. Clynes, quien junto con Nathan S. Kline trataba de definir a un hombre *mejorado* que podría sobrevivir en una atmósfera extraterrestre.

que si hemos sido creados, nuestro creador nos determina, pues nos ha hecho «a su imagen y semejanza», como indican las Sagradas Escrituras respecto a Dios y los seres humanos. Los cibernéticos opinan que la vida es un inmenso *software* ejecutándose sin cesar, en un potentísimo *hardware* que podemos llamar Dios, y los seres humanos somos partes integrantes del programa.

Dicho así, parece que Dios es un ordenador que juega con nosotros por pura diversión. Respecto a eso, las opiniones entre los científicos están divididas. Albert Einstein pronunció su famosa frase «Dios no juega a los dados», negando en parte el libre albedrío del ser humano. Para Einstein la vida no podía ser un capricho de la naturaleza, en contra de lo que opinaba Darwin y su Teoría de la Evolución de las Especies. Hoy, la ciencia le quita la razón por momentos. El célebre matemático Stephen Hawking cree que «Dios no sólo juega a los dados, sino que a veces nos confunde lanzándonos donde no los vemos».

Carl Jung opinaba que somos seres predeterminados por las limitaciones genéticas pero con una gran cantidad de libre albedrío para maniobrar y ejercer influencia sobre el universo aleatorio. Principalmente gracias a los dos factores más importantes que nos definen como seres humanos: la imaginación y las emociones. Por primera vez, la física comienza a estar más de acuerdo con Darwin que con Einstein. Los actuales evolucionistas opinan que el ser humano ha evolucionado gracias a una combinación de «azar y necesidad». La necesidad le impulsa a superar las limitaciones exteriores que le impone la incertidumbre, y de ahí surgiría el libre albedrío que supone la teología. En resumen: para la nueva Teoría de la Evolución, cada persona es el resultado del azar y de su ADN.

¿Libres o programados?

Naturalmente, las religiones monoteístas, al menos la hebrea y la católica, no pueden estar de acuerdo, porque en esa ecuación no se nombra para nada a Dios. ¿Pero y si Dios fuera precisamente lo que llamamos azar? En ese caso, cobraría sentido la anterior frase de Hawking. Sin embargo, a los seres humanos nos cuesta creer que seamos fruto del *azar*, nuestro Yo no nos lo permite. Pero si se piensa bien, el libre albedrío no sería posible en un mundo absolutamente reglado y determinado; globalizado.

Volviendo al ejemplo de la informática, los elementos de un *software* no dependen de sí mismos, sino del programa superior que los activa, y éste del sistema operativo, y éste del diseño del *hardware*, y éste de quien lo ha diseñado, y así sucesivamente. Todo sistema inferior depende del sistema inmediatamente superior; ésa es la única ley de la informática y de las especies, según los evolucionistas. Sin embargo, las personas no somos sólo una *especie*; también somos entidades individuales. Porque podemos elegir de manera personal, y al elegir creamos una nueva realidad, tal es la fábula anticomunista contenida en la obra *Rebelión en la granja*, de George Orwell. Lo individual prima sobre lo colectivo.

¿Por qué nos incomoda tanto imaginarnos en manos del azar? Si, como hemos dicho anteriormente, el futuro no está escrito, es precisamente gracias al azar; no debería incomodarnos, sino todo lo contrario. ¿Te has preguntado alguna vez por qué decimos tan a menudo que no *existen las casualidades*, mientras al mismo tiempo creemos en la *suerte* (en la buena, claro); por qué nos gusta tanto imaginar a un Dios que *no juega a los dados*, que nos vigila, nos impone sus Leyes y nos conduce hacia nuestro destino, queramos o no queramos, mientras nos dice al mismo tiempo que somos libres?

William James[26] ya contestó a esta pregunta:

> *El núcleo fundamental de la creencia determinista es su antipatía a la noción de azar. La connotación desagradable que le sugiere la palabra «azar» parece radicar en la suposición de que significa algo negativo, y de que si sucede algo por azar, es porque debe ser algo de carácter intrínsecamente irracional y absurdo. Pero en realidad el azar no se refiere a nada parecido. Todo aquello de carácter azaroso quiere decir que contiene algo realmente propio, algo que no pertenece de forma exclusiva a la totalidad. Pero no existe ninguna parte del todo, por muy grande que sea, que pueda controlar absolutamente el destino de la totalidad.*

Lo que James sugiere es que Dios nos ha creado tan libres que ni siquiera Él puede coartar dicha libertad. Así pues, la Evolución es una combinación de azar y empeño humano por salir adelante en una existencia tan caótica como en la que nos hallamos inmersos. De nuevo volvemos

26. William James: alienista y filósofo del siglo XIX en la Universidad de Hardvard.

a la noción de la vida como juego. Una buena parte del éxito final como jugadores radica en nosotros mismos, en la forma de enfocar dicho juego, mediante nuestras capacidades superiores. Mediante la imaginación y las emociones, y también mediante la identidad de nuestro Yo: el Arquetipo. Por eso los cibernéticos sugieren que somos autómatas, robots arquetípicos, inmersos dentro de un programa *Matrix* (como en la película homónima), comparable al Dios de los creyentes, y que continuamente ejecuta un programa, un enorme juego de rol basado en unas pocas reglas y una gran cantidad de azar.

Inteligencia cibernética

Si esto te parece una idea absurda de la ciencia ficción, has de saber que los más avanzados científicos de la informática, el budismo zen y las más antiguas leyendas mitológicas secundan esta noción. Para el filósofo griego Heráclito, Dios era el tiempo eterno y creador, definido con la palabra *Aion*, un muchacho que sin saberlo gobierna el Universo jugando a un juego de azar, ajeno a todas las consecuencias. *Aion* crea con su juego y luego se olvida de lo creado; sigue jugando eternamente.

Para Masahiro Mori,[27] los ordenadores poseen la capacidad de alcanzar el estado búdico o *satori*; dicho en términos católicos, incluso una máquina que pueda elegir entre dos opciones (noción de libre albedrío), como hacen los ordenadores al *randomizar* mediante el código binario. Un ordenador carece de las altas capacidades humanas de la imaginación y las emociones, pero aun así posee conciencia, pues según el budismo, la conciencia es un espejo que refleja un espejo. Como dijo Alan Turig, sabemos que una máquina es inteligente si ofrece respuestas inteligentes a las mismas preguntas que se dirigen a una persona inteligente.[28] Según los físicos cuánticos, si una máquina puede diferenciar entre el bien y el mal, entre lo que es verdad y es mentira, entonces no es una máquina.

27. Masahiro Mori: cibernético japonés, autor del libro *Lo búdico en el robot*.
28. Alan Turing (1912-1954). En los años cincuenta del siglo XX, cuando aún los ordenadores eran muy primarios, el matemático inglés Alan Turing propuso su algoritmo o *Criterio de Turing*: si se puede hablar con una máquina, igual que se hablaría con un ser humano, entonces la máquina posee inteligencia.

El mito del Golem

Todo esto ya lo explica simbólicamente el Génesis: Dios creó a Adán y Eva formándolos de barro y *soplándoles* su aliento vital, la conciencia de Sí Mismos. En cuanto lo hizo, los dos humanos quisieron aventurarse a saber más, comieron del árbol del Bien y del Mal y vieron la Verdad que subyace a todo. Eso trajo consigo el sufrimiento. Al ser expulsados del paraíso por conocer la Verdad sin permiso de su Creador es cuando se convirtieron realmente en seres libres; tuvieron que desplegar el potencial de su mente (la imaginación) para hacer frente al caos del Universo en el que se vieron inmersos fuera del paraíso (de la *Matrix*), experimentaron el dolor de las emociones y los sentimiento (el amor y el odio), y hubieron de esforzarse cada día y evolucionar para permanecer vivos en medio de su incierto futuro.

La historia bíblica sobre Adán y Eva se asemeja curiosamente al mito hebreo del Golem: un sabio rabino judío, por emular a Yahvé, creó una figura de barro y mediante un ritual cabalístico le insufló vida para que se comportase como un autómata al servicio de su dueño. Pero junto con la vida, el Golem cobró también conciencia de sí mismo y se reveló contra su creador, deseoso de alcanzar el libre albedrío que éste le negaba.

La única forma de acabar con el Golem era borrar de su frente la palabra ritual (*Emeth*, en hebreo: Verdad); eliminando la primera *e*, la palabra resultante (*Meth*) significa Muerte. La verdad es lo opuesto a la muerte; la luz, lo opuesto a la sombra; lo consciente y lo subconsciente, el *Yin* y el *Yang*... Según el budismo, en cuanto diferenciamos, en cuanto separamos en opuestos, surge el libre albedrío, la posibilidad de elegir. Ello crea la conciencia de Sí Mismo (el Yo), y al mismo tiempo el dolor de tener que hacerlo en un mundo aleatorio e impredecible; un juego cuyas reglas son continuamente cambiantes.

¿Te has dado cuenta de que el mito del Golem, el del robot o cerebro electrónico (como *Hal-9000*)[29] es un ejemplo que define perfectamente al ordenador? No deja de ser curioso que nuestros ordenadores sean máquinas a nuestro servicio, inhumanas pero inmensamente más capaces (memoria, rapidez, capacidad de síntesis y procesamiento de datos...) que

29. *Hal-9000*: es el cerebro electrónico de la nave del filme dirigido por Stanley Kubrick *2001: una odisea en el espacio*, que se rebela contra los tripulantes.

nosotros, mientras que hemos sido nosotros los que las hemos creado... *a nuestra imagen y semejanza.*

¿Somos robots?

De lo dicho surgen varias preguntas que merece la pena hacerse: ¿por qué, si los ordenadores son creaciones humanas, las personas nos estamos quedando atrás en una facultad (el dominio de la aleatoriedad) que poseemos en nuestro cerebro de manera natural? ¿Por qué le cedemos a una máquina un poder tan inmenso, cuando nosotros mismos podríamos ser nuestro propio *cerebro electrónico* tomando el control absoluto de nuestra vida? ¿Acaso somos robots que se han olvidado de su libre albedrío y buscan a Dios para que les devuelva al Paraíso, ese lugar donde no hay diferenciación entre bien ni mal, no hay dualidad, no hay conciencia de sí mismo (Yo), y por tanto no existe la posibilidad de equivocarse?

¿Preferimos ser máquinas, y que nuestro creador nos guíe de la mano y saber que nuestro futuro, para bien y para mal, está escrito, que nuestro destino no puede cambiarse? ¿Nos da miedo la libertad, el azar, la vida como juego abierto y sin reglas? ¿Somos Golems y queremos que nuestro dueño nos mantenga en un estado animal: felicidad inconsciente? ¿Por qué no utilizamos el poder que se nos ha otorgado? ¿Por qué no usamos la facultad de convertirnos en creadores mediante nuestro procesador de aleatoriedad, ya que para eso hemos sido diseñados? ¿Acaso es que somos robots[30] y no nos hemos dado cuenta o no queremos admitirlo? ¿Y si fuésemos nosotros lo que hemos sido creados *a imagen y semejanza* de los ordenadores?

Arquetipo y simulación virtual

En el centro de toma de decisiones de toda persona existe un generador de aleatoriedad (el atractor cuántico), que funciona de manera similar al de un cerebro electrónico. Esa hipótesis fue desarrollada por Abraham Wald.[31] Un ordenador funciona en parte como un generador de aleatoriedad; uti-

30. Robot: la palabra fue utilizada por primera vez por Karel Capek en su obra *R.U.R.* publicada en 1917.
31. Abraham Wald (1902-1950): matemático nacido en Transilvania.

liza el azar y el determinismo a la vez, y así es como *elige* la solución más apropiada. Eso es lo que hacemos muchas veces al cabo del día, lo que ocurre es que no nos percatamos de ello. Mejor dicho, eso es justamente lo que hace por nosotros el Arquetipo: comportarse como una simulación para poder jugar en la realidad virtual que es el Juego de la Vida. Somos *ciborg*, sí.

Pero no te asustes, no te has colado en *Matrix*, aunque bien mirado, Neo, el protagonista de la famosa película de ciencia ficción, puede considerarse a efectos simbólicos como el Arquetipo de Héroe que aconseja Jung. Dicho en otros términos, el Arquetipo constelado a nosotros podría ser comparable al *ciborg*, una entidad orgánica con pensamiento lógico-aleatorio programado, o sea, lo más parecido a un robot. Robots biológicos que tienen conciencia de sí mismos interactuando en una simulación virtual, el Juego de la Vida, un escenario cuántico que sólo existe porque la conciencia de todos los jugadores lo sostiene.

Así que ya ves que incluso un ordenador tiene libre albedrío; para realizar su cálculo escoge por sí mismo (mediante su corazón de silicio) entre una lista determinada de probabilidades, llamada números pseudoaleatorios. Parece complicado pero eso lo que hacemos a diario las personas ante la inmensidad de posibilidades azarosas con que nos reta la vida: escogemos *al azar*, incluso muchos juegos se basan precisamente en escoger al azar. ¿Sigues ahí todavía? Bien, me alegro, porque pronto verás que todo esto tan alegórico y enrevesado tiene consecuencias útiles para nuestra vida.

Pensamos por azar

Cuando pensamos, también escogemos al azar, porque lo hacemos escogiendo de las posibilidades que están a nuestro alcance; quien ve más posibilidades hace una elección mejor, piensa mejor. Por eso se puede decir que la clave de nuestra felicidad se basa en ampliar el campo de visión de posibilidades, porque, de hecho, están ahí, pero no las vemos. Resolver eso es lo que pretendía Carl Jung al crear su teoría de la Sincronicidad. Jung se hizo la siguiente pregunta: ¿y si pudiésemos conectar con una inmensa lista de posibilidades, la mayor de todas, el Inconsciente Colectivo? Tendríamos a nuestra disposición todas las respuestas, no una lista limitada, como posee un ordenador. Pero aún nos quedaría saber elegir.

¿Cómo elegir lo correcto? Según el matemático húngaro John von Neuman, la mejor forma de elegir es hacerlo mediante una combinación de azar y lógica. Ante una incertidumbre (y son muchas las que nos acometen a diario) lo mejor es utilizar una estrategia «mixta» de decisión, o sea, libre albedrío sobre determinismo, lo que en teoría informática se traduce por pseudoaleatorio. Dicha teoría dice que la lista de probabilidades de la que el ordenador escoge la mejor solución es producida dentro de sí mismo mediante un algoritmo determinista creado por el ser humano que lo construyó. Pero este algoritmo es tan complejo y extenso que al ordenador le parece una secuencia aleatoria, es decir, sin sentido lógico. Así pues, sin saberlo, el ordenador realiza un acto de elección libre, pero sobre una gran lista de probabilidades determinadas mediante el álgebra.

El algoritmo del éxito

Traducido a términos humanos, ¿quién creó nuestro *algoritmo* y dónde lo colocó? Para los creyentes será Dios. En todo caso, quien lo hiciese pretendía que funcionásemos con libre albedrío pero determinados por ciertas leyes; al menos eso es lo que parece. Sin embargo, los científicos modernos, principalmente los ateos, opinan que fuimos nosotros mismos los que, mediante la evolución, creamos dicho algoritmo determinista para ayudarnos a realizar más rápido las elecciones perentorias que nos exige la vida. Y este algoritmo, este centro de toma de decisiones, fue colocado en alguna parte entre el cerebro y el sistema nervioso, que podría ser el tálamo: ahí radicaría el origen del generador de aleatoriedad que dice Wald.

Nuestro Módem cuántico funciona sobre la lista aleatoria de posibilidades indefinidas e infinitas que nos ofrece la vida, es el atractor que nos conecta automática y subconscientemente con el llamado Orden Implicado del Universo, con el Tao budista, con el Dios de los diferentes cultos monoteístas o con el Inconsciente Colectivo de Jung. Pensamos gracias a un programa predeterminado. Frank J. Tipler[32] opina que el generador de aleatoriedad posiblemente radicado en el tálamo no es un programa, según la terminología informática, sino una «entidad física». Estoy hablando del Demonio, una entidad que nos *posee* desde dentro.

32. Tipler: experto en física cuántica norteamericano, autor de *La física de la inmortalidad*.

Antes de que comiences a pensar en *El exorcista*, te recuerdo que Daimon o *Demian* (en griego, Demonio) es el título de una de las más famosas obras de Hermann Hesse, el más renombrado de los Elegidos. Pero además, existe otro curioso paralelismo de la palabra *Daimon* con el mundo de los ordenadores. Resulta que *Demonio* se llama también a un programa ejecutor del sistema informático Unix[33] con el que funcionan la mayoría de los ordenadores. En términos humanos, el Daimon es el Yo subconsciente que a veces se revela desde las profundidades contra el Yo consciente; es la Sombra, en palabras de Jung.

El Daimon nos posee y nos empuja desde dentro, nos hace creativos, potencia facultades psíquicas que nada tienen que ver con la razón y la lógica cartesiana, activa nuestros instintos (incluyendo los más bajos), pero con la finalidad de hacernos sobrevivir en un mundo azaroso; nos libra del determinismo impuesto por nuestra limitada naturaleza genética, de ahí el mito de Prometeo, que reveló a los hombres los secretos de la iluminación, y el gran dios Zeus le condenó a permanecer encadenado en una roca, mientras cada día un cuervo le devora las entrañas una y otra vez, pues al ser inmortal renacía cada día.

Ángeles y Demonios

Por eso con la palabra *Demonio* evocamos también a Lucifer, y ya hemos dicho que Lucifer (*Lux Pherens*) significa el portador de la luz; es el ángel caído en desgracia por querer salvar a los hombres de la ceguera determinista en la que los quería mantener Dios. Para la tradición budista Lucifer, es decir, nuestro Daimon interior, tuvo éxito a través de los milenios de evolución, y al trascender su determinismo, los seres humanos se volvieron complicados y por tanto infelices, pues al dividir todas las cosas en términos de bueno y malo (binario), surgió el problema de la diferenciación y con ello la necesidad constante de elección, perdiendo las poderosas cualidades cuánticas. Por decirlo de otro modo, alcanzar el libre albedrío nos complicó la vida.

33. *Demonio Unix*: es un tipo específico de programa o agente diseñado para ejecutarse como tarea de fondo. Un programa puede pasarle una tarea al *Demonio* y despreocuparse de ella. Por ejemplo, un *Demonio* de impresión recibe y organiza las tareas de impresión de varias aplicaciones, liberándolas para otras tareas.

Lucifer también fue creado por Dios, y si Él hubiese querido impedirlo, su ángel no se habría revelado. Por eso el Daimon pasa por encima de nuestras limitaciones genéticas y biológicas, trasciende por encima del barro que somos, según el mito bíblico de Adán y Eva, incluso del mito hebreo del Golem, también fabricado de barro. Al impulsarnos a elegir, nuestro *Demonio*, nuestro procesador de aleatoriedad, nos expulsa del cómodo paraíso determinista. Esto nos causa el agobio de la incertidumbre, pero lleva consigo la semilla de un potencial enorme: la posibilidad de utilizar la energía creadora del caos para impulsarnos hacia los más altos deseos, desatando la fuerza que nos posibilita tomar las riendas del mundo y crear nuestro propio destino, personal y colectivo. Ya se lo dice la Serpiente (el Daimon) a Eva, para convencerla de que coman del Árbol del Bien y del Mal: «Y seréis como dioses».

El infierno es lo binario

La expulsión, la diferenciación, la dualidad, contemplar la vida en términos binarios (esquizoides), nos robó la plácida conciencia determinista que disfrutan los animales. El mito sugiere que Adán era un conformista estático, inocente en el sentido animal del término. La Serpiente es la Sombra, la conciencia subconsciente. Eva toma la iniciativa para impulsar al hombre más allá de sus límites animales. El Paraíso es una simulación virtual, y ella lo sabe; mientras que Dios no es más que una proyección mental de Adán, un Arquetipo donde él constela su frustración, su miedo al cambio, su indecisión ante el caos y el azar que le aguardan fuera del idílico Edén. Adán imagina a Dios para no sentirse desvalido en medio de tamaña incertidumbre. Pero es Eva la que impulsa el progreso del hombre para que convierta el mundo hostil en un verdadero Paraíso.

El Pecado Original es la toma de conciencia sobre la realidad, fuera del mundo virtual simulado del Edén. La manzana del árbol del Bien y del Mal es el vehículo iniciático, el oráculo por el que las mentes de Adán y Eva se abren al conocimiento secreto: que el pensamiento, la palabra imaginada, el Verbo o *Logos*, es el verdadero generador de la realidad. Al ser expulsados del Paraíso, Adán y Eva ven la realidad tal como es, no un mundo virtual. Y entonces comprenden que están desnudos (sin Arquetipo), sienten frío, tienen miedo... Todo ello sucede al percibir los opuestos por primera vez.

Por eso el budismo dice que la finalidad del ser humano es alcanzar el *satori*; para el practicante de zen, el verdadero estado edénico es «integrar los opuestos», eliminar la dualidad que nos separa de la Verdad, volverse *cuántico.* También ésta es la enseñanza oculta que contiene el Génesis: el Pecado Original es la distinción entre lo bueno y lo malo, lo bello y lo feo; la separación entre el individuo y el colectivo, entre el ser humano y la naturaleza, entre la mente consciente y la subconsciente, entre el caos y el azar.

La solución a este *infierno* de la dicotomía constante, según la filosofía oriental, es volver al Tao, la unificación, el regreso al verdadero origen del ser humano, eliminando los opuestos que tanto le torturan, unificando en su interior *Yin* y *Yang*, lo masculino y lo femenino, que es la primera distinción de todas; volver al pensamiento cuántico. Eso es justamente lo que hace un ordenador cuando *randomiza* eligiendo entre las posibilidades dualistas y opuestas del código binario. Entenderás mejor ahora por qué Masahiro Mori afirma que incluso un robot puede alcanzar el estado búdico de iluminación.

Caras de la misma moneda

El bien y el mal son dos caras de la misma moneda. Carl Jung descubrió la paradoja que nos atormenta: sin la Sombra, sin las tentaciones, sin nuestros *Demonios* interiores no podemos evolucionar hacia estados superiores de conciencia, y en ello están de acuerdo también el budismo y la física moderna. El bien y el mal, la luz y la sombra (lo binario) conviven juntos en nuestro interior; polarizamos continuamente, y eso es lo que nos hace infelices. ¿Cómo unificar los opuestos, cómo *randomizar*? El taoísmo, una de las filosofías más antiguas del mundo, llama a su solución Vía de en Medio, una elección consciente de la mente por permanecer entre ambos extremos, unificándolos, aceptando ambos. Este acto de elección consciente es un tipo de pensamiento que puede entrenarse, y eso es lo que hacen los budistas al practicar zen. Jung, por medio de su sistema de Imaginación Activa, persigue algo similar: la Individuación, la integración del ser humano con el Inconsciente Colectivo.

Los psicólogos actuales lo explican de otra forma, pero en realidad se refieren a lo mismo: la elección consciente *escribe* el futuro sobre la marcha. Las elecciones en nuestra vida deben realizarse dando entrada al azar, guiados por nuestra capacidad aleatoria de sincronizar con el Inconsciente

Colectivo. Una vez más, budismo, física, cibernética y psicología se dan la mano. ¿Cuál puede ser el resultado de semejante mezcla? Desencadenar la fuerza del Destino, el Efecto Mariposa.

Recapitulemos lo aprendido: al elegir (de manera consciente o inconsciente) creamos nuestra realidad personal, ejercemos control sobre el caos y el azar se reordena, se *randomiza*. ¿Pero cómo hacer que lo haga de la manera que más le conviene a cada uno de nosotros? Te preguntarás hasta qué punto es correcto manipular semejante poder. No hay nada correcto, en sí mismo eso es una polarización. Si existiese algo correcto, estaría predeterminado, sería una ley impuesta. Al contrario, podemos elegir con total libertad. La pregunta es: ¿cómo elegir lo que más nos conviene, según nuestros deseos y el destino que nos merecemos? Esto es lo que diferencia nuestro cerebro del cerebro electrónico.

El ordenador no se ve en la necesidad de realizar dicha elección, porque carece de deseos y no sabe lo que es el destino, ya que no posee ninguna medida del tiempo que le queda (no es consciente de que un día morirá), por eso no es humano. Los sueños, los sentimientos, los instintos, las pulsiones... nos convierten en seres muy complejos dentro de un océano de azar. ¿Cuál es nuestra mejor guía para navegar en ese mar? Elegir el Arquetipo que mejor se acomode al destino que tenemos en mente. El Arquetipo es nuestro traje de superhéroe, con él podemos movernos a través del Juego de la Vida y adoptar los poderes virtuales del pensamiento cuántico. No es un cómic, es la vida misma.

PENSAMIENTO CUÁNTICO

Cómo activar tu conexión ADSL mental

La informática y la cibernética han dado pasos agigantados hacia la creación de la Inteligencia Artificial.[34] Cada año que pasa se multiplica exponencialmente la capacidad y la velocidad de los ordenadores. Lo único que frena la construcción de cerebros electrónicos de mayor potencia es su coste desmesurado, pero la tecnología no deja de avanzar, y dentro de unos años serán posibles los llamados ordenadores cuánticos, dotados con chips de ADN. Será entonces cuando se dilucide la incógnita de si la máquina puede superar al hombre.

La mayoría de los expertos en computación opinan que en el futuro los ordenadores aventajarán a las personas en su capacidad y velocidad para pensar. Pero no se ponen de acuerdo en si ello los dotará de otras cualidades más humanas, tales como la compleja capacidad para imaginar algo que no existe, la autoconciencia o la cualidad de tener sensaciones, sentimientos y emociones. Según Alan Turing, las emociones son también información, y un ordenador con suficiente potencia, un ordenador cuántico, podría tenerlas igual que un humano.

Para Roger Penrose[35] nunca podremos fabricar una máquina inteligente, entre otras cosas porque jamás tendrá conciencia de Sí Misma, es decir,

34. Inteligencia Artificial: el término se acuñó en 1956, Darmouth, durante un encuentro entre científicos dedicados a la computación para discutir sobre cibernética.
35. Penrose: físico y matemático norteamericano, autor de *La nueva mente del emperador*, obra donde habla del tiempo que necesita la conciencia para ser activada.

carecería de personalidad (Arquetipo), no tendría Yo. Sin Yo consciente no habría Sombra subconsciente, y sin el incentivo del Daimon no puede haber evolución. Un ordenador no tendría motivos para evolucionar, carecería de pulsiones y de complejos, de la eterna insatisfacción humana, que nos empuja siempre a más.

Aprender de los ordenadores

Sin embargo, sí hay cosas que podemos aprender de cómo *piensan* los ordenadores. Por ejemplo, al carecer de emociones ni contradicciones, no sufren dudas estériles ni estrés, ni enferman de ansiedad o depresión. Aunque al no tener conciencia de su propia identidad no pueden relacionarse ni adoptar un rol concreto en la vida. Es la identidad, el Arquetipo, lo que nos eleva por encima de la condición de máquinas biológicas.

Los expertos en Inteligencia Artificial trabajan para reproducir el funcionamiento del cerebro humano por imitación, realizando una simulación virtual de sus funciones, un rudimentario Arquetipo. Para ello, la cibernética ha determinado que el cerebro funciona mediante un algoritmo muy complejo (pseudoaleatorio), que desde hace 3.500 millones de años, cuando los seres humanos no éramos más que organismos unicelulares, no ha dejado de evolucionar para adaptarse a la estructura azarosa del Universo en que vivimos. Ésta es otra diferencia frente al ordenador; nuestro cerebro no es fijo ni su funcionamiento estático, evoluciona constantemente, adaptándose mediante el procesador de aleatoriedad (el Módem interior) a las circunstancias caóticas externas. En cambio, hasta hoy, un ordenador, al menos su *hardware*, es determinista, a pesar de que su *software* funcione también mediante la aleatoriedad derivada del código binario.

Ya existen programas de creatividad para diseñar objetos o componer canciones, y precisamente funcionan gracias a la introducción de entropía, un pequeño intento de crear un Daimon que genere azar. La entropía, el desorden consustancial que constituye la existencia, es el incentivo principal para que un cerebro se vuelva creativo. La acumulación de experiencia y el azar es el signo de lo que llamamos inteligencia. Nuestro generador de aleatoriedad instalado en el subconsciente trabaja generando opciones al azar, desarrolla probabilidades que permanecen en estado latente. Luego, la parte consciente, racional y lógica de nuestra mente vigila el proceso y escoge la mejor opción de toda la lista de posibilidades aleatorias, convirtiéndola en realidad por el mero hecho de *observar* ésa y no otra.

El pensamiento del ser humano es una combinación de aleatoriedad subconsciente y determinismo consciente. Pero el progreso de nuestra especie se debe al enigmático incentivo del azar. Las plantas y los animales están totalmente sujetos al determinismo, pero la capacidad de generar autoconciencia mediante la diferenciación, la dicotomía, la polarización de los seres humanos, hace que sólo sea determinista nuestro *hardware*, nuestro cuerpo, no nuestra conciencia.

¿Nos determina la genética?

Toda persona está determinada por la programación codificada en el ADN que ha heredado de sus padres. Dicha programación genética ocurre en todo el ámbito humano de lo físico, pero lo paradójico es que el cerebro, siendo también un órgano físico, que debería por tanto estar igualmente sujeto a dicho determinismo, se salta esa programación gracias a la conciencia y nos capacita para actuar con libre albedrío, superando las limitaciones, no sólo genéticas, sino las que nos impone la incertidumbre del mundo que nos rodea.

El cerebro influye en el determinismo, al contrario que un ordenador, porque su *software* no puede influir en la configuración de su *hardware*, y el nuestro sí. Dicho de otro modo, el ordenador es un alma, aunque sea muy rudimentaria, atrapada en un cuerpo, tal como opina Masahiro Mori. Por citar de nuevo el mito bíblico, el ordenador está atrapado, como Adán y Eva, en su *paraíso* de chips y asépticas conexiones donde no hay lugar para el caos, los complejos, el ego, la insatisfacción, las pulsiones existenciales...

Al contrario que los humanos, el ordenador es siempre *feliz*, no tiene que enfrentarse a decisiones emocionales de pérdida o ganancia; ni siquiera tiene nuestro pavoroso miedo a la muerte, ni siente incertidumbre ante su destino. Como el Dios de Einstein, el ordenador *no juega a los dados*. En definitiva, lo que más lo aleja de ser humano es que no tiene que elegir, no tiene que tomar decisiones fuera del programa que se le instale en cada momento.

Alguien dijo una vez que el infierno no parece muy terrible al principio, pues es un lugar normal cuya única particularidad es que allí no hay emociones. Al existir las emociones, surge el sufrimiento y la diferenciación, cualidades que nos hacen humanos y libres, la mayor cualidad de todas, el privilegio principal del ser humano. El infierno es un cielo para ordenadores. El cielo de las personas nos da la oportunidad de sentir y elegir. ¿Hay mayor milagro que ése? Buscamos pruebas de que existen los milagros, pero para que se produzcan hay que tener fe en ellos, y la fe no se alimenta con pruebas; ésa es una premisa muy importante para desplegar las alas cuánticas del Efecto Mariposa. Si lo intentas racionalizar todo, te volverás determinista y limitado.

La vida imita al arte

Esto nos plantea interesantes preguntas: ¿puede la Inteligencia Artificial en fase todavía muy primaria imitar esta cualidad del cerebro? ¿Puede la mente de un ordenador observarse a sí misma, como hace la del ser humano, creando así el concepto de Yo? Dicho de otro modo, ¿puede la cibernética crear un procesador de aleatoriedad como el que radica en nuestra mente subconsciente y generar una nueva *realidad*?

De acuerdo con la psicología junguiana sobre el Yo y el Inconsciente Colectivo, el budismo afirma que la conciencia de la persona no es más que un acto de observación del Sí Mismo, *un reflejo que refleja a otro espejo*. Ese reflejo es lo que, según opinaba Jung, constituye nuestro Arquetipo (una máscara psíquica), que es quien se comunica con el Inconsciente Colectivo, el Orden Implicado o el Dharma. El ordenador es incapaz de hacer esa división entre el Yo y el Ello, porque, como antes hemos dicho, no puede adoptar un Arquetipo, no tiene personalidad.

Sin embargo, algunos cibernéticos están trabajando en la idea de crear un Yo, una entidad arquetípica primaria mediante la simulación virtual. Esta idea es muy interesante, y de hecho existen juegos de rol cada vez más sofisticados que intentan dicha potencialidad de la mente, tratan de imitar al Juego de la Vida. ¿Podrá la Inteligencia Artificial y la cibernética crear algún día una simulación que posea conciencia de sí misma y por tanto libre albedrío? Y si la crease, ¿podría calificarse de *humano* a ese Arquetipo? Más aún, ¿quiere eso decir que nosotros seríamos como Dios al crear vida inteligente? Puede que, después de todo, Oscar Wilde tuviese razón al afirmar que «la vida imita al arte».

La vida como simulación virtual

La obligación de elegir a cada momento, las emociones y el afán de libertad nos identifican como humanos. Las emociones son nuestro infierno y nuestro cielo; aunque no nos percatamos, nosotros mismos creamos el temible Leviatán que nos empuja a evolucionar. La huida de lo que tememos y el afán por lograr aquello que amamos nos proporcionan la verdadera capacidad de inteligencia y evolución, más allá de cualquier simulación, por potente que sea.

¿Puede tener miedo un ordenador? ¿Podemos imaginarnos una máquina con depresión, o aquejada por el desamor? No podemos responder a estas preguntas, pues no sabemos si, como opinaba Turing, la potencia procesadora de una máquina puede imitar también los sentimientos, por ejemplo de amor y odio, aunque de momento esto entra en el campo de la hipótesis. No obstante, el planteamiento de dichas preguntas es muy interesante para nosotros. Si los sentimientos y las emociones son responsables también de nuestro sufrimiento, ya que en múltiples ocasiones, a lo largo de nuestra vida, nos impiden alcanzar la felicidad, se deduce que si, en ocasiones concretas, pudiésemos someter dichas emociones y sentimientos, eliminaríamos su impacto nocivo sobre nuestra vida.

El zen y la Individuación

Deberíamos aprender a pensar un poco igual que los ordenadores, sin impedimentos sensoriales. Que conste que no se trata de eliminar los sentimientos y las emociones, sino de impedir que nos causen daño cuando son negativos. Esto no es nada raro ni antinatural, pues la práctica budista del zen busca precisamente alcanzar dicha meta ideal: eliminar el sufrimiento innecesario, librarnos de los pensamientos e ideas que podríamos llamar inapropiados. Y lo hace mediante la supresión temporal del Arquetipo; el zen despersonaliza, elimina el Ego y el Yo, permiten descansar y reponer fuerzas para volver con más energía a la simulación virtual que es el Juego de la Vida.

El proceso de Individuación de Carl Jung persigue lo mismo: integrar al ser humano con el Inconsciente Colectivo para que considere las múltiples opciones que tiene para seguir jugando, incluso para jugar de la mejor manera posible y alcanzar sus metas vitales. Pero la diferencia que hay entre el zen y la Individuación es que Jung no estaba convencido del total desprendimiento del Yo que intenta Oriente con las prácticas meditativas.

Para Jung era imposible librarse del Yo, ya que al hacerlo nos libramos también de la Sombra, y sin el Daimon no es posible evolucionar. Según Jung, lo importante es tomar conciencia del Sí Mismo (del Arquetipo), de manera que éste sirva a nuestros intereses, y no nos *posea*, no nos arrastre por donde no queremos. Debemos seguir el destino que nos corresponde, y no cualquier otro, como le ocurre a la mayoría de las personas. Para ello es necesario reprogramar el Módem interior.

Cómo reprogramarse

Carl Jung estudió a fondo el pensamiento taoísta y la práctica del zen con vistas a *reprogramar* la conciencia para que se adapte mejor a las exigencias de la vida. Hoy día se están estudiando las prácticas meditativas orientales en el prestigioso Instituto Tecnológico de la Universidad de California, con nuevos y sorprendentes resultados sobre la salud y el equilibrio emocional. Los expertos actuales quieren saber cómo funciona el modelo meditativo budista llamado zen sobre la mente humana, ya que han descubierto que genera cambios tangibles en la forma de funcionar el cerebro.

Las conclusiones pueden resumirse en lo siguiente: la meditación es una forma de reprogramar *informáticamente* la mente para que las dudas, el miedo, las emociones y los sentimientos no interfieran en el cerebro y el sistema nervioso que toma las decisiones vitales. Jung elaboró una práctica meditativa más generativa y acorde con la mentalidad de Occidente, denominándola Imaginación Activa, porque con la conciencia bien ajustada y enfocada hacia nuestros deseos somos capaces de generar una nueva realidad, un salto cuántico.

Ésa es la explicación científica que vamos buscándoles a los milagros o a la magia. La Imaginación Activa funciona porque, como Jung descubrió, cualquier técnica creativa y potenciadora de la imaginación sirve para dominar a la Sombra (al Daimon) y la hace trabajar en nuestro beneficio, en lugar de dejarle que nos complique la vida. Con la Imaginación Activa, Jung desarrolló su propio sistema de meditación dinámica sobre la marcha, a cualquier hora y en cualquier lugar, al contrario que las técnicas orientales, que exigen un estado físico y mental estático, impropio de nuestra cultura.

Dicho esto, ¿podemos reprogramar la conciencia para obtener mejores resultados prácticos y tangibles en la vida cotidiana? La premisa básica de toda meditación es que no se puede influir de manera consciente en el subconsciente, y mucho menos en el Inconsciente Colectivo. Según dedujo Carl Jung, la puerta, la clave para lograr esta influencia, radica en el procesador de aleatoriedad que se activa entre el tálamo y el sistema nervioso central, y da origen a eso que llamamos *conciencia* o *mente*. En palabras del propio Jung: «Sin la mente humana, el Inconsciente Colectivo es inútil. Éste siempre busca sus propósitos colectivos y jamás tu destino individual. Tu destino es el resultado de la colaboración entre la conciencia y el Inconsciente Colectivo».

Esto significa que la mente es egocéntrica pero el Inconsciente Colectivo u Orden Implicado está al servicio de cualquiera que lo quiera usar y utilizar sin cortapisas todo su enorme poder generador. Es posible y natural establecer dicha conexión, pero no es nada fácil. Para ello es necesario un peculiar acto consciente que origine la chispa que activa el Efecto Mariposa y desencadena el cambio cuántico que deseamos.

Imaginación *versus* voluntad

La voluntad está demasiado sobrevalorada en Occidente. Existe la creencia de que con mucho empeño, esfuerzo y trabajo una persona acaba por conseguir todo lo que se proponga. Sin embargo, la experiencia muestra que eso no es cierto. Todos sabemos que no logra más quien más se lo merece. La voluntad de la que hablamos es, en parte, una rémora histórica que hemos heredado de la moral protestante, del culto desmedido hacia el esfuerzo personal, el *self made man*, tan en boga en Estados Unidos, país profundamente calvinista. No digo que la voluntad sea inútil o nociva. Sirve para muchas facetas importantes y necesarias de nuestra vida, que, no obstante, son puramente básicas.

La voluntad, por sí misma, no nos convierte, por ejemplo, en seres más creativos (la creatividad no se fuerza, es un don de la inspiración, y la inspiración es subconsciente); en cambio, la imaginación es la base de la creatividad. La voluntad no se valoraría tanto si comprendiéramos que es una cualidad primaria que tiene que ver con la predestinación más que con el libre albedrío. Los animales despliegan una gran voluntad, y eso mismo es lo que los convierte en criaturas totalmente predecibles. Eso que llamamos *instinto animal* no es más que un programa de actuación determinado que les hace seguir sus pautas de especie con gran determinación. Pero al no salir de dichas pautas, no evolucionan, se convierten en víctimas de sus propios instintos; su capacidad de maniobra y superación se ve limitada a la mera supervivencia.

Los orientales no ponen tanto empeño en la voluntad. Hace siglos que los budistas crearon la práctica del zen para librarse de las cortapisas de los instintos, las emociones, los sentimientos y la polarización o escisión entre el Yo y el Todo, errores de pensamiento que entorpecen a la mente en su proceso de alcanzar la *iluminación,* como ellos llaman al estado de máxima felicidad posible. Esto lo realizan mediante el vínculo de conciencia que surge entre el pensamiento y el sistema nervioso, motor del ser humano para comunicarse con la vida. Para el budismo, el vínculo entre mente y sistema nervioso es el siguiente: *el pensamiento determina la acción, la acción determina el pensamiento.* Este bucle, que podríamos llamar cibernético, implica que cambiando uno se modifica el otro, en ambos sentidos y de forma automática. Y eso es lo que transforma nuestra realidad como si fuese un nuevo *programa* mental.

Instalar un nuevo programa

Para aplicar o *instalar* en nuestro cerebro esa cualidad de pensar de manera creadora, debemos considerar el procesador de aleatoriedad cuántico como el centro de todo el sistema, como un disco duro que almacena programas e información, que *randomiza* en conexión con el azar constante que impera en el Universo. Ahora bien, si dicho procesador está sobrecargado o desajustado (demasiada información intrascendente, dispersión, emociones negativas como el miedo o el odio o las frustraciones...), su eficacia se ve mermada y no puede generar la potencia psíquica necesaria para que salte la chispa que lo conecta con el Inconsciente Colectivo; esa chispa que venimos denominando Efecto Mariposa.

La sincronización con el Orden Implicado no se produce si el Módem cuántico no está bien ajustado y distorsiona la realidad. Cuando eso sucede, las probabilidades de futuro se reducen al mínimo y es cuando nos volvemos deterministas. Y también es entonces cuando nos vemos obligados a actuar por instinto y a fuerza de trabajo y voluntad. No es raro que tantos se cansen, claudiquen y renuncien a lograr sus mayores sueños. La meditación budista y la Individuación junguiana buscan reajustar y limpiar el procesador de aleatoriedad de toda la confusión y suciedad mental acumulada. No en vano, los budistas dicen que el zen sirve *para mantener limpio el espejo de la conciencia.* Para que funcione, hay que eliminar todas las interferencias, igual que si queremos escuchar nítidamente un canal de radio. Eso se logra con la práctica del zen o la Imaginación Activa; sin esa *limpieza* previa de nuestro espejo mágico no puede activarse con la suficiente potencia el procesador de aleatoriedad; y para ello antes ha de ser vaciado de otros pensamientos menos convenientes, incluso entorpecedores o boicoteadores, emanados de la Sombra.

Para eso es fundamental relajar el sistema nervioso y aquietar la mente, pues existe un vínculo entre ambos. Hemos de aprender a relajarnos, aun en los momentos más difíciles. El sistema nervioso debe calmarse al máximo para que pueda generar la energía necesaria en el momento en que lo deseemos; es el encargado de aumentar la energía psíquica del procesador de aleatoriedad. Las distorsiones del pensamiento inconsciente y residual le restan potencia, y entonces la conexión no se genera.

Ahí radica el motivo para mantener la mente y el sistema nervioso ajustados y a punto. Por ello, el camino para entrar de manera consciente en el subconsciente, de conciliar el Yo con la Sombra, en aras de que trabajen juntos por nuestra felicidad, es efectuar un vacío *voluntario* y consciente. Atención, remarco lo de *consciente*, porque si no lo hacemos así, lo que materializamos mediante la potencia de la Imaginación Activa puede ser toda la basura residual e inconsciente que bloquea nuestro procesador de aleatoriedad.

Primero desprogramar

Recordemos al respecto las palabras de Jung: «Cuando no se toma conciencia de una situación interna, ésta sucede fuera como destino». Es decir, de una manera o de otra, generamos la realidad cuya semilla radica en nuestra conciencia. Por eso, lo primero que hemos de hacer es vaciarla de contenidos inconvenientes y limitadores, dominar la Sombra para que no nos boicotee. El futuro no está escrito, la realidad se crea sobre la marcha mediante la inmensidad de probabilidades en ciernes que radican en el Inconsciente Colectivo. Saber elegir es la clave.

La Imaginación Activa es una forma de meditación adaptada a la mentalidad occidental, pensar con todo el cuerpo, y no sólo con el cerebro. Digo con todo el cuerpo, porque hemos de implicar también al corazón y al sistema nervioso pues, como hemos visto, ahí radica la energía que activa al procesador de aleatoriedad. Esto es un hecho totalmente científico y real. La Imaginación Activa unifica toda la energía disponible en el sistema nervioso y la envía al procesador de aleatoriedad del cerebro, que así conecta con un acto de conciencia en el Inconsciente Colectivo, el océano inacabable de posibilidades.

Tenemos que trascender el Arquetipo (nuestro Yo) y vaciar la mente de pensamientos inapropiados y limitadores a base de llenarla de otros más poderosos y generativos, expulsar las ideas y las imágenes mentales que nos limitan y crear otras que nos impulsan y crean poco a poco el futuro que deseamos. En ello radica el poder de la Imaginación Activa para crear nuevas realidades obtenidas de los Mundos Múltiples. Después de todo, cualquier cosa es posible en el Juego de la Vida, ya que se trata de una simulación virtual, cuántica. No existe más que debido a la conciencia de todos los jugadores implicados. Por tanto, quien modifica su conciencia, modifica las condiciones de juego y los resultados que obtiene.

JUGAR ES EL PREMIO

Cómo ganar siempre incluso aunque no quieras

Después de todo lo que hemos visto puede inferirse que la vida es un juego de azar. Eso implicaría que para ganar, tal como sucede por ejemplo en la lotería, dependeríamos únicamente de la suerte. Pero como la suerte es aleatoria por definición, y no se rige por ninguna norma lógica ni puede concitarse de ninguna forma racional, la única manera que tenemos para navegar en toda esa indeterminación e incertidumbre es con un acto de pensamiento que obtenga del caos el orden que deseamos. Así es como tenemos éxito en el juego de azar de la vida.

Ganar o perder en este juego es algo relativo, para cada uno es diferente. Si nos va mal según nuestra idea de ganancia o triunfo, decimos que no hemos tenido *suerte*. O que la suerte les ha correspondido a otros, como si la suerte fuese un bien escaso, agotable, algo mensurable, que nos puede ser arrebatado por otro u otros. O dividimos la suerte entre *buena* y *mala*, como si existiese una moralidad o una categoría de la suerte.

Pero es más bien al contrario; todo es suerte, porque todo es azar, y de nosotros depende que sepamos sacarle partido, reordenar una parte de lo aleatorio (*randomizar*) en nuestro propio beneficio. Como ya hemos visto, el inmenso e inabarcable depósito de posibilidades llamado Inconsciente Colectivo está a disposición de quien quiera utilizarlo, sin rivalidad, sin límite, sin moralidad, sin categorías. No hay cortapisas de ningún tipo. El Inconsciente Colectivo nos relaciona a todos, nos contiene a todos. En contra de lo que pensamos, para que uno gane el otro no tiene por qué perder. Todos podemos ganar, cada uno en lo suyo.

El ejemplo de la princesa Letizia

Todos podemos jugar al mismo tiempo, adoptando nuestros diferentes Arquetipos, tal como sucede en los juegos de ordenador que varios jugadores juegan en red, en PC distintos, incluso separados a kilómetros de distancia a través de Internet. A fin de cuentas, Internet es una metáfora muy acertada para entender lo que Carl Jung calificó de Inconsciente Colectivo. Todo lo que deseamos está ya contenido como onda de probabilidad en el *quantum*, sólo espera el impulso adecuado para ser manifestado, *materializado*.

Como dijo Hermann Hesse en su célebre novela *Demian*, «cuando alguien necesita algo con mucha urgencia y lo encuentra, no es la casualidad [la *suerte*] lo que se lo proporciona, sino él mismo. El propio deseo y la propia necesidad conducen a ello». Podemos conseguir incluso infinitamente más de lo que nos atrevemos a soñar. ¿Acaso no tenemos bastante ejemplo con la princesa de Asturias? Doña Letizia, una simple muchacha de familia media, puede llegar a ser incluso reina de España. Todo es un juego cuántico, no hay límites para nuestros sueños, por grandes que sean. Mejor dicho, los límites los ponemos nosotros.

Los mayores científicos del mundo en neurología, entre ellos Karl Pribram y Roger Penrose, determinaron en el 2003, en una convención celebrada en la Universidad de Arizona, que la conciencia del ser humano se comporta como las partículas cuánticas, al igual que las interacciones diarias entre las personas, tal como ya avanzó Carl Jung con su teoría de la Sincronicidad y los Arquetipos. Esta *conciencia cuántica* nos permite mantenernos conectados a todo el Universo en expansión y en crecimiento constante. Nada puede faltarnos si nos sincronizamos con el Todo, con el Tao, con el Inconsciente Colectivo, tal como lo definió Jung. La vida es un juego cuántico, sólo hay que comprender cómo funciona y podemos ganar siempre.

Para entender el juego, lo primero que tenemos que conocer antes de iniciarlo son sus reglas. Más aún, lo primero es saber cuál es la forma adecuada de afrontarlo para obtener el mayor y mejor rendimiento posible. Para ello hemos de jugar sin finalidad. La vida parece como el juego de la oca; no hay premio, gana supuestamente quien llega primero a la casilla final, como una carrera de obstáculos determinada por la *suerte* al lanzar el dado. Sin embargo, ojo con esto, porque quien llega primero a la meta deja de jugar; es como si muriera, mientras que el resto de los jugadores continúa la partida sin perder nada por el hecho de que otro haya ganado antes. Y tarden más o menos, dependiendo del azar del dado, todos los jugadores juegan igual y alcanzan al final la misma meta. ¿Entiendes la sutileza?

El paraíso en la tierra

En cuanto a la muerte, no debemos temerla; ya hemos visto cómo el temor nos paraliza y nos coarta, hace que reaccionemos como seres deterministas. Mientras llega nuestro final, tenemos la obligación de disfrutar la vida. Como dice el budismo, «la muerte no es la consecuencia de la vida, sino que la vida es la consecuencia de la muerte». Dicho de otro modo: si no supiésemos que vamos a morir, como les sucede a los ordenadores y a los animales, no seríamos libres de jugar de la mejor manera posible durante el tiempo que dura la partida. Un juego infinito y sin reglas no tendría sentido, no habría *finalidad*; sería el cielo de los robots y los ordenadores, ese Paraíso bíblico tan aburrido donde vivían Adán y Eva, presos de su determinismo.

Como la oca, el Juego de la Vida no tiene un premio final, sino que la vida misma es el premio. Vivirla de la mejor manera posible mientras dure, construir nuestro futuro sobre la marcha, alcanzar el Destino o el tipo de vida que nos hemos propuesto, según cada cual con sus cualidades personales y sus deseos. Los seres humanos tenemos la obligación de construir nuestro *Paraíso* en la Tierra, tal es nuestro destino colectivo como especie. ¿Te imaginas jugar tú solo al juego de la oca? La humanidad es un juego colectivo, y tenemos una responsabilidad, cada uno desde sus facultades, desde los *talentos* que le han tocado por azar.

¿Ganar o disfrutar?

Las personas enfocan la partida de la vida de dos formas: «el juego es la única finalidad del juego», o bien «la finalidad del juego es ganar». En el primer enfoque, si uno se lo pasa bien jugando mientras dura la partida, al final habrá tenido éxito. En el segundo caso, no tendrá *éxito* a menos que gane. Está claro que la opción más inteligente para afrontar el Juego de la Vida es el primer enfoque. Sin embargo, cada vez son más las personas que se toman la vida como un juego para ganar un premio, y su felicidad depende de una loca y absurda competencia contra los demás participantes. Como si la suerte fuese un bien limitado, y se hubiese de luchar por ella.

Los humanos, como pensaba Jung y más tarde Adler, han hecho de la vida un juego patológico: «o gano, o no soy feliz; y he de ganar siempre». En palabras de Adler, muchos se toman la vida como «un juego destinado a lograr la superioridad». Visto esto, no es extraño que la ludopatía, esa nueva *enfermedad* psíquica, tenga su origen en un enfoque erróneo de la vida: el de ganar a toda costa un *premio*. El ludópata, enfrentado al inmenso y azaroso juego de la existencia, se asusta y opta por un juego *menor*, más dominable y con poca implicación personal; un juego menor en el que pueda ganar algo, aun a costa de volverse determinado por el propio juego que le encadena. Prefiere eso a la responsabilidad de elegir y de tomar decisiones, prefiere reglas predeterminadas a libre albedrío; se comporta como un ordenador.

Para el ludópata, cualquier juego sirve, con tal de eludir la responsabilidad de elegir entre opciones personales. Las máquinas tragaperras ofrecen una farsa de azar, hacen creer al jugador que puede elegir, pero las opciones de premio están limitadas por la ley de la probabilidad; la máquina es determinista, programada para ganar siempre. El ludópata *elige* ante la máquina porque teme elegir ante la vida; es un cobarde, quisiera vivir en el cómodo Paraíso determinista que habitaba Adán, antes de que Eva le tentara a comer del Árbol del Bien y del Mal.

Así que no tenemos que jugar por competencia. Cuando las personas se toman la existencia como un juego de competencia, de ganar, de *superioridad*, pueden llevarse un gran chasco al final de su vida. Quizá hayan trabajado mucho por conquistar una meta (un premio) que finalmente resulta no ser el que ellos querían, pero cuando se dan cuenta ya no les queda tiempo para rectificar.

Por eso hay que elegir muy bien y cuanto antes nuestro Destino, y luego ir a por él sin miedo y con todas nuestras fuerzas. Eso es lo único que al final nos hará marcharnos felices cuando se agote nuestro tiempo. En cambio, el que lucha sin cesar pero sin finalidad, sin destino, sin sentido, lo único que le queda cuando es derrotado por la misma vida es culpar a la suerte, a las circunstancias, al azar, pero nunca a sí mismo; siempre resulta más fácil echar la culpa a lo colectivo que al individuo. Recuerda lo que dijo Jung: «Podemos soportar mucho dolor, mucho más del que podemos merecer o del que podemos considerarnos capaces de soportar; no obstante, no hay mayor dolor que tener una vida sin sentido». La vida no tiene sentido; hemos de dárselo nosotros.

Oráculo Cuántico

El positivismo que sostienen muchas de las técnicas que se difunden en algunos libros y seminarios de *management* o autoayuda son fuegos artificiales en el mejor de los casos; en el peor, pólvora mojada. Tienen poca influencia real sobre las personas. Pensar de manera *positiva*, esperando que por ello todo te saldrá bien, es un acto suicida. Ese tipo de actitud mental es insuficiente, la débil energía que genera se pierde en el maremágnum caótico del devenir, de los acontecimientos de cada día; todos sabemos que nuestros buenos deseos quedan en bien poco, se entrecruzan en el Inconsciente Colectivo con los de otras personas, creando choques y conflictos más o menos violentos de voluntades; en definitiva, se neutralizan al mezclarse con otros intereses opuestos.

La falacia de algunas corrientes espirituales, técnicas y libros de autoayuda es que intentan ayudarte, pero no te dicen cómo ayudarte tú mismo; siempre andas a la expectativa de la nueva técnica, del siguiente libro o método que alguien se saca de la manga. La Imaginación Activa de Jung funciona al revés de como lo hacen otras técnicas mentales. Como los oráculos de la antigüedad, funciona desde el futuro hasta el presente, por eso no puede fallar. Lo ha dicho recientemente el célebre matemático Stephen Hawking: «no debemos seguir la historia del universo de pasado a futuro».

Lo ideal es arrojar la luz del futuro conquistado al momento presente en el que nos encontramos a cada paso del juego, de manera que nos motiva, nos impulsa; el blanco tira de nosotros, en lugar de tener que apuntar al blanco. Por eso no debemos perseguir nuestros sueños, sino dejar que ellos nos alcancen a nosotros, que se *materialicen*; y lo harán sin remedio si nuestra actitud mental (nuestro Arquetipo en el Juego de la Vida) es el adecuado: aspirar a todo lo que tenemos derecho.

Carl Jung pasó los últimos años de su vida investigando la mejor forma de pensar para desenvolverse con soltura en el Juego de la Vida, y determinó que algunos pocos obtienen mayores resultados que la mayoría porque con su imaginación proyectan el futuro, como por ejemplo Leonardo da Vinci con su *vuelo de la mente*. Los genios proyectan, imaginan generativamente (Imaginación Activa), se acercan cada día a lo que ya es realidad en su mente, aunque de momento dicha *realidad* se halle en otra dimensión espacio–temporal, eso que la física cuántica llama Onda de Probabilidad.

La Imaginación Activa, sostenida cada día durante un período de tiempo suficiente y con la debida intensidad, puede cambiar radicalmente la vida de cualquier persona, materializa el futuro (nuestros sueños), provoca un colapso cuántico sobre la Onda de Probabilidad. No podemos fallar, es física pura, no una mera técnica o doctrina. El Efecto Mariposa es bien real y pone a nuestros pies el inagotable depósito de posibilidades llamado por Jung Inconsciente Colectivo y por los físicos Orden Implicado.

EPÍLOGO

La gota que desbordó un océano

Confío en que hayas comprendido la esencia de este libro: que formas parte de un gran juego en el que puedes participar como protagonista, e incluso como guionista y director, adoptando un nuevo Arquetipo más generativo, creando nuevas extensiones y realidades; no hay límites, las combinaciones son infinitas. Sigue tu camino, diseña tus propios sueños, no los que te pauten los demás o la sociedad de consumo. Tú a lo tuyo, a jugar con tu Arquetipo superior. Y recuerda que tener miedo o tener envidia de los otros es un error de pensamiento basado en la creencia de que las posibilidades son limitadas y hemos de competir por ellas en una lucha encarnizada contra los demás. Pero no es así. Podemos *imaginar* nuestro propio futuro, hacerlo realidad, reescribir nuestro guión y elegir nuestro rol, diseñando nuestro propio final.

El Juego de la Vida de John Conway fue creado como una simulación de realidad virtual computerizada, un juego regido por reglas muy simples que, sin embargo, dan lugar a comportamientos extraordinariamente complejos y variados, tal como sucede con las relaciones humanas y la sociedad en la que nos hallamos inmersos. El Juego de la Vida estudia las sinergias que se producen en la relación de las personas; la infinitud de combinaciones obtenidas se parece al comportamiento de las moléculas, tal como estudia la física cuántica. Como has visto, nuestra conciencia, nuestra *observación* de la realidad modifica las relaciones, transformando el futuro sobre la marcha.

Y esto no es una teoría. La comunicación de las partículas atómicas a distancia (una especie de telepatía molecular) ha sido corroborada por científicos norteamericanos.[36] Los *estados cuánticos* acaban de ser demostrados en el laboratorio, lo que pone de manifiesto la verdad que subyace a la teoría de la Imaginación Activa y la Sincronicidad creada por Carl Jung: la posibilidad real de generar con nuestra conciencia nuevos estados cuánticos y conexiones infinitas de probabilidades futuras.

Este descubrimiento es el primer paso para la creación de los ordenadores cuánticos, que tendrán una velocidad muy superior a los binarios y una capacidad de almacenar información prácticamente infinita. ¿Y acaso no es eso precisamente lo que ya tenemos nosotros en nuestro cerebro? Has de aprender a utilizar tu Módem; él te conectará con la fuente universal de todas las posibilidades latentes. Sólo tienes que pedirlo.

Pero no necesitas creer en todo esto, ni siquiera comprenderlo, para que funcione; puedes ganar al Juego de la Vida incluso aunque no quieras. El Juego de la Vida es una metáfora para explicar cómo podemos alcanzar nuestro verdadero Destino mediante una nueva forma de conciencia, capaz de modificar el *quantum* de la realidad que nos rodea. De hecho, Conway había basado su simulador de reacciones en los postulados de Jung y del matemático Alan Turing, quienes veinte años antes ya habían deducido que el comportamiento humano se puede resumir como una acción limitada en un campo ilimitado. «El resultado de eso –dijo Turing– es un azar infinito.»

Un azar infinito... ¿Qué implica eso? Un maestro zen le dijo a su alumno: «Todo lo abarcarás si comprendes cómo hacer que una gota de agua no se seque nunca». El planteamiento actual es equivalente: ¿Cómo podemos convertir en realidad nuestros mayores sueños? ¿Qué podemos hacer para que nuestros pequeños pensamientos humanos, nuestros deseos y nuestros sentimientos perduren para siempre dentro del universo infinito y azaroso que nos rodea? El alumno fue incapaz de resolver el acertijo. «Comprendo que la gota de agua soy yo, maestro, pero no entiendo cómo lograr que no se seque jamás.» El maestro le contestó: «Arrojándola al mar».

Como descubrió Carl Jung con su teoría de la Sincronicidad, has de fundirte con el inabarcable mar del Inconsciente Colectivo, has de ser la gota que colme el vaso de tu conciencia cuántica. Porque incluso una sola gota puede desbordar un océano. Así funciona el Efecto Mariposa.

36. Investigaciones realizadas por el Instituto Nacional de Estándares y Tecnología de Estados Unidos, publicadas por la prestigiosa revista *Nature* el 17 de junio del 2004.

ÍNDICE

Prólogo ... 9

Freud – Jung: La guerra de los magos ... 11
En busca del Santo Grial ... 21
La teoría perdida de Jung ... 29
El *Libro negro* de Jung ... 37
Sincronicidad ... 43
Arquetipos ... 49
Tarot: la vía de perfección ... 57
Inconsciente colectivo ... 61
Generador cuántico ... 67
Libre albedrío ... 73
La vida: un juego de rol virtual ... 77
Conexión subconsciente ... 83
De sapos a príncipes ... 91
El mito de la buena suerte ... 97
Reprogramación mental ... 105
Imaginación activa ... 111
Individuación ... 121
El arquetipo total ... 131
Pensamiento cuántico ... 147
Jugar es el premio ... 157
Epílogo ... 163